STUDY ON THE INSTITUTIONAL ARRANGEMENT
OF CHINA'S NON-PERFORMING ASSET MANAGEMENT SECTOR:
FUNCTIONS, ATTRIBUTES, AND MECHANISMS

中国不良资产管理行业
制度安排研究

功能　属性　机制

孙建华　李伟达　李传全◎著

浙江人民出版社

图书在版编目（CIP）数据

中国不良资产管理行业制度安排研究：功能、属性、机制 / 孙建华，李伟达，李传全著. — 杭州：浙江人民出版社，2024.3
ISBN 978-7-213-11436-6

Ⅰ．①中… Ⅱ．①孙… ②李… ③李… Ⅲ．①不良资产-资产管理-中国 Ⅳ．①F123.7

中国国家版本馆CIP数据核字(2024)第061233号

中国不良资产管理行业制度安排研究——功能 属性 机制

孙建华　李伟达　李传全　著

出版发行	浙江人民出版社 (杭州市体育场路347号 邮编 310006)
	市场部电话:(0571)85061682　85176516
责任编辑	何　婷
责任校对	杨　帆
责任印务	程　琳
封面设计	厉　琳
电脑制版	杭州兴邦电子印务有限公司
印　　刷	杭州富春印务有限公司
开　　本	710毫米×1000毫米　　1/16
印　　张	14.875
字　　数	166千字
插　　页	2
版　　次	2024年3月第1版
印　　次	2024年3月第1次印刷
书　　号	ISBN 978-7-213-11436-6
定　　价	58.00元

如发现印装质量问题，影响阅读，请与市场部联系调换。

[序]
写在前面的话

经济是肌体,金融是血脉,制度是保障,三者相互依赖、相辅相成。诺贝尔经济学奖得主道格拉斯·诺斯与其合作者更是在《西方世界的兴起》一书中指出,"制度是经济增长的根本原因"。运用长焦镜观察历史与现实,可以发现,从宏观的人类经济社会到中观的产业行业,再到微观的经济组织,无一不是在制度安排的助推下实现了持续的演化发展。

中国的不良资产管理行业作为金融体系中一个较为特殊的细分行业,具有其特殊的专业功能,简言之就是防范化解各类金融风险,这种功能决定了其制度安排也具有一定的特殊性。本书几位作者均任职于浙江省浙商资产管理股份有限公司,在不良资产管理领域具备丰富的管理经验和卓越的专业能力,阵容可观,举足轻重。尤其是多年的一线管理实践,使得作者对于中国不良资产管理行业的制度安排等相关问题有很深入的思考与研究,他们在繁忙的工作之余经过长时间的反复揣摩最终形成了本书的主要内容。该书在总结国内外研究的基础上，基于制度经济学等相关理论，坚持理论与实务相结合、归纳与演绎相结合，对不良资产管理行业制度安排做了系统全面的剖析。

我作为本书最早的读者之一，可以肯定的是，无论对行业发展，抑或对资产管理专业的学科建设，本书都具有重大意义，必将在防范化解金融风险、支持实体经济发展等方面发挥更大作用。

以行促知，践行渐知。回顾中国不良资产管理行业二十多年的发展历程，从最初借鉴国外经验初步建立行业制度安排到依据我国自身经济和金融体系特征逐步完善，逐渐形成了今天的行业制度安排体系。在这些制度安排作用下，中国不良资产管理行业已成为我国多层次金融体系的重要组成部分，充当着金融体系"稳定器"与"安全网"的角色，也逐渐形成自身的发展特色。这些制度安排并不是许多国家所推行的应急性制度安排，而是一种穿越周期的常态性机制安排。

"法度制度，各因其宜"，制度演进的底层逻辑和动力是现实问题与适用制度的不完全匹配。从过往的历史经验来看，任何行业的制度安排都是一个动态发展演进的过程，现有的不良资产管理行业制度安排还存在一些发展短板，随着我国金融体系进入发展新阶段，不良资产管理行业面临着如何更好地实现防范化解金融风险的发展目标，这就需要用发展的眼光审视当前不良资产管理行业的制度安排所面临的问题，对现有的制度安排进行系统分析并提出相应的政策建议。整体来看，本书具有以下几个特色之处。

一是本书理论站位较高。作者从行业总体发展视角展开论述，从理论层面详细阐述了不良资产管理行业的功能、属性、机制，分析现存的一些发展问题，以此为基础通过建构制度有效性模型对现有的制度安排进行评价。这些理论阐述及分析推演对于行业改革具有较好的参考意义。

二是本书的实践支撑性较强。书中较为详细地回顾了行业发展历史以及行业运行机制，对于行业具体运行情况以及现存发展问题有较为详细的阐述，这对理论分析具有较强的支撑作用。

三是本书对于行业认知较为透彻。对行业的深刻认知是分析行业制度安排的重要前提。作者在行业浸润多年的经验心得源于对行业认知透彻，这种认知不仅对行业制度安排研究有意义，而且对管理实践更加具有借鉴价值。

四是本书提出的政策性建议观点鲜明。作者从理论与实践两个层面进行融合分析，提出的政策性建议观点明确、落地性强。

浙商资产十年发展，为防范化解区域金融风险、服务实体经济做出了突出的贡献，成为中国不良资产管理行业的优秀代表。如今，又分享自己的发展感悟，助力行业有序、健康、高质量发展，体现出浙商资产立志"建设一流企业"的格局和胸怀。几位作者在繁忙的企业管理工作之余投入大量精力思考行业问题，实属难能可贵，体现的是一种使命情怀和责任担当。

唯有读书通世事，当以世事为己任。做一件大事，存一份价值，此书撰著，很有意义。有感而发，作此文，是为序。

金雪军

浙江省特级专家、浙江大学资产管理研究中心主任

前　记

作为一名在不良资产管理行业实践多年的从业者，我有幸亲眼见证、亲身经历了近些年来中国资产管理公司及行业的发展历程。纵观行业二十多年的发展变迁，从1999年成立四大金融资产管理公司，政策性接收国有银行剥离的不良资产，开启行业发展纪元；到2007年金融资产管理公司开始商业化业务转型，奠定行业市场化基础；再到2012年允许设立地方资产管理公司，行业形态初具雏形；再到如今形成"5＋地方系＋银行系＋外资系＋N"的多元化格局，具有了行业应有的初步市场形态。我国不良资产管理行业已经实现了从无到有的蝶变，具备了体系化、市场化、全面性、多层次性等鲜明特征，成为我国多层次金融体系中不可或缺的一部分，并作为逆周期调节的重要工具，在金融业中发挥了重要且必要的"稳定器"与"安全网"的功能作用。特别是地方资产管理公司从无到有、从小到大，为区域金融风险化解及地方经济稳定发挥了较大的作用。

当今世界正在经历百年未有之大变局，我国乃至全球的经济结构正处在深刻变革的过程中，我国不良资产管理行业也在不断地发展变化，行业未来将会面临诸多新机遇和新挑战。从宏观环境看，由于我国的宏观经济面临着一定的下行压力，部分行业和领域的经营困难和风险加剧，伴随着金融风险和非金融风险相互叠加渗透，风险状况复杂多变，不良资产的规模和质量将有所变化。这既使得不良资产管理行业的重要性日益上升，资产管理公司的市场地位进一步提升，也使得行业将会直面处置难度加大、资产价格波动等巨大挑战，在实现行业功能定位的过程中也将会感到压力倍增。

从监管环境看，为规范引导行业的健康发展和资产管理公司的合规经营，近年来监管部门出台了一系列的新规新政，对行业的有序发展及资产管理公司的业务定位、资本管理、风险防控、非主业清理等方面提出了更加具体和严格的要求，这对不良资产管理行业的高质量发展以及资产管理公司的转型升级和业务调整提出了更加迫切、紧迫的任务要求。

从行业自身以及多年来的从业体会看，尽管我国不良资产管理行业的发展已经取得了一定成果，在维护国家金融安全、服务实体经济方面作出相当的贡献，但依然有很多需要完善之处。在行业制度安排中还存在不明确、不统一、不完备等问题亟待解决。例如行业制度还不够完备，尤其是地方资产管理公司至今尚未形成比较统一、明确的监管规则，各地方金融监管机构的监管规则差异明显；业务规则尚不明确，开展业务时经常会遇到监管无明文规定某项业务能否实施的问题；市场地位的不平等，虽然地方资产管理公司的业务资质由原银保监会核准，与五大金融资产管理公司做同样的业务，但是被视为地方性类金融机构，未获得金融机构资质许可；监管主体的不统一，目前我国对地方资产管理公司的机构监管的具体方式是中央金融监管机构负责业务资质及监管政策的制定，地方金融监管部门负责主体监管，而地方金融监管部门除了地方金融监管局，股东层面的管控主体又存在着国资与财政的差别，多个监管主体之间存在不同的监管要求；司法实践的不统一，主要表现在同一法律要求的适用对于不同的区域、不同类型的公司可能存在差异，如在某些法律场景，对于金融资产管理公司和地方资产管理公司存在适法不统一的情况。

  这些行业自身存在的问题在一定程度上迟滞了行业的发展，这也是在从业实践中感受较为深刻的地方。同时，这些实际情况也触发我深入思考上述问题，并试图从理论层面进行分析探讨，以期在制度安排维度有所突破。当前我们所面临的任务是如何进一步完备行业的制度安排，使其能够更好地实现"防范化解金融风险，服务实体经济"的功能定位，为我国金融体系的健康和稳定发展，为我国经济社会的高质量发展，做出更大的贡献。

李伟达

浙江省浙商资产管理股份有限公司党委副书记、董事、总经理

目 录

序 ··· 1

前　记 ··· 1

摘　要 ··· 1

第一章　绪　论 ··· 1

　　第一节　问题的提出 ·· 3

　　第二节　国内外研究综述 ·· 9

　　　　一、国内外理论研究概述 ·· 9

　　　　二、国际间不良资产管理行业制度安排的简要比较 ················ 18

　　　　三、国内外研究评述 ·· 23

　　第三节　研究框架 ·· 25

　　　　一、行业的制度安排 ·· 26

　　　　二、理论分析模型的构建 ·· 32

第二章 我国不良资产管理行业发展的历史回顾、现状及特征 35

第一节 行业相关理论概述 37
一、行业相关概念 37
二、不良资产管理行业相关概念 40

第二节 我国不良资产管理行业发展历史回顾 42
一、政策性展业阶段（1999—2006年）............ 45
二、市场化转型阶段（2007—2012年）............ 50
三、全面市场化阶段（2013年至今）............ 53

第三节 我国不良资产管理行业发展现状 63
一、主体 63
二、客体 77
三、市场 84

第四节 我国不良资产管理行业发展特征 88
一、体系化 88
二、市场化 89
三、全面性 90
四、多层次性 90

第三章 不良资产管理行业功能 93

第一节 功能相关理论概述 96
第二节 体系功能：宏观视角 99
一、熨平周期波动的功能 100
二、保障金融体系安全的功能 102

  第三节　机构功能：微观视角 ………………………………… 104

   一、处置不良资产，降低金融机构经营风险的功能 …… 104

   二、服务实体企业，优化资源配置的功能 ……………… 105

   三、经营管理资产，获取投资与服务收益的功能 ……… 107

  第四节　不良资产管理行业功能的比较分析 …………………… 109

第四章　不良资产管理行业属性 …………………………………… 113

  第一节　属性相关理论概述 ……………………………………… 116

  第二节　行业体系属性：金融性 ………………………………… 117

  第三节　机构内在属性 …………………………………………… 118

   一、金融属性 ……………………………………………… 118

   二、资产管理属性 ………………………………………… 119

   三、金融属性与资产管理属性的关系 …………………… 120

  第四节　机构法律属性 …………………………………………… 121

   一、资产管理公司的金融机构法律属性与类金融机构

    法律属性 ………………………………………………… 122

   二、法律属性和内在属性差异的影响 …………………… 124

第五章　不良资产管理行业运行机制 ……………………………… 127

  第一节　运行机制相关理论概述 ………………………………… 129

  第二节　行业生态系统 …………………………………………… 130

  第三节　市场运行机制 …………………………………………… 133

   一、一级市场运行机制 …………………………………… 133

   二、二级市场运行机制 …………………………………… 134

   三、其他市场运行机制 …………………………………… 136

第四节　监督管理安排……………………………………… 136
　　　　一、监管框架…………………………………………… 137
　　　　二、监管内容…………………………………………… 138
　　　　三、监管分工…………………………………………… 146
　　第五节　运行机制存在的问题……………………………… 148
　　　　一、监管规则存在的问题……………………………… 148
　　　　二、监管主体存在的问题……………………………… 154
　　　　三、司法实践存在的问题……………………………… 156
　　　　四、市场地位存在的问题……………………………… 163

第六章　不良资产管理行业制度安排有效性评价…………… 169
　　第一节　有效性评价的理论模型设计……………………… 171
　　　　一、有效性评价的相关概念…………………………… 172
　　　　二、有效性评价分析模型设计………………………… 175
　　第二节　当前不良资产管理行业制度安排的有效性分析…… 177
　　　　一、影响行业制度安排有效性的因素分析…………… 178
　　　　二、制度安排有效性的效果分析……………………… 185
　　第三节　总体评价…………………………………………… 187

第七章　完善不良资产管理行业制度安排的建议…………… 189
　　第一节　坚定常态化的行业制度安排……………………… 192
　　第二节　坚守行业的功能定位……………………………… 193
　　第三节　优化行业的运行机制……………………………… 194
　　　　一、统一行业监管……………………………………… 195
　　　　二、统一司法实践……………………………………… 198

三、构建统一交易市场 ·················· 199
　第四节　优化行业主体生态系统安排 ·········· 204
　第五节　优化行业发展环境 ················ 206
　　一、健全诚信体系 ····················· 207
　　二、优化营商环境 ····················· 208

文件资料 ······························ 210

参考文献 ······························ 214

后　记 ································ 219

摘 要

历时性的历史回顾和共时性的现状分析表明,中国不良资产管理行业在实现风险化解功能方面成效显著,已经形成了体系化、市场化、全面性、多层次性等重要特征;同时,在制度层面,不同于一些发达国家,中国不良资产管理行业是一种常态化的制度安排。

虽然中国不良资产管理行业基本成型,但尚存在一些问题,一定程度上制约了行业的发展。如何深入研究制度安排,解决好行业面临的问题,促进行业从"成型"走向"成熟",是行业相关各界面临的重要课题。

首先,本研究分析了行业制度安排的内涵,认为行业制度安排的核心要素是功能、属性和运行机制,三者相互紧密相联。其中,功能是制度安排的目标,也是制度安排的出发点,回答的是"为什么";属性是与功能定位相适应的本质特征,一定程度上决定了运行机制的规则安排,回答的是"是什么";机制是行业主体与客体相互关系和互动行为的安排,回答的是"怎么做"的问题,机制作用的过程就是功能实现的过程，作用的结果就是功能实现的有效性程度。

其次，基于理论推演，结合常态化的制度安排类型，引入环境因素，构建了以运行机制、制度安排类型和运行环境为核心影响要素的"制度—环境"行业有效性评价分析模型，以此对我国不良资产管理行业制度安排的有效性进行评价，并分析机制和环境方面的深层次问题及这些问题对行业有效性产生的负面影响。

最后，坚持问题导向，从坚定行业常态化制度安排、坚守行业功能定位、优化行业运行机制、优化行业主体生态系统和优化运行环境五个方面提出了完善行业制度安排的建议。

总体而言，本研究体现了理论和实践两个方面的意义。理论方面，在国内外研究的基础上，基于制度经济学和相关金融理论，创新性地提出了不良资产管理行业制度安排的两种类型，即常态化和非常态化制度安排，构建了以功能、属性、机制为核心要素的行业有效性评价分析模型，丰富了制度安排研究的理论体系。实践方面，全面立体地总结了行业的发展，深刻剖析了行业的痛点，提出了优化提升的改革建议。这些研究将有助于统一行业认知，解决相关问题，提升运行效率，推动行业健康发展。

关键词： 不良资产　制度安排　功能　属性　机制　有效性

[第一章]
绪 论

第一节　问题的提出

从运行规律来看，金融体系具有周期性波动的重要特征。在这种波动运行过程中，金融机构或企业会出现经营性风险，不可避免地产生不良资产，可以说不良资产的产生是金融体系运行的常态现象。但是，不良资产会对金融体系稳定运行产生严重影响，金融风险增加以及所延伸出来的经济社会问题引起国际社会的密切关注。所以，如何解决金融体系中的不良资产一直是各国政府面临的一道难题，积极探索化解金融风险的有效措施也是金融领域研究的重要课题。

国际上化解经济金融风险的通行做法是成立资产管理公司，这类资产管理公司一般指专门从事不良资产收购处置的公司，主要任务是管理和处置金融体系中形成的不良资产以及因不良贷款形成的底层资产。从资产管理公司实际运行效果看，各国普遍实现了不良贷款率逐步下降、金融危机有效化解的目标。资产管理公司在各国应对金融危机、维护金融稳定中发挥了较为重要的作用。尽管各国在资产管理公司设立及运行方面采取的是不同模式，但总体看来从事不良资产处置的资产管理公司，无论是专职处置不良资产还是综合性的，都具有长期存在的必要性，发挥着重要作用。

中国不良资产管理行业起步于1999年设立的四大金融资产管理公司（简称"AMC"），即中国信达资产管理公司（简称"信达资产"）、中国东方资产管理公司（简称"东方资产"）、中国长城资产管理公司（简称"长城资产"）、中国华融资产管理公司（简称"华融资产"，2024年1月该公司正式更名为"中国中信金融资产管理股份有限公司"，由于本书主要阐述过往行业发展，因此仍称"华融资产"）。设立这四家金融资产管理公司是根据当时的经济金融发展情况以及银行经营状况做出的制度安排。1997年爆发了亚洲金融危机，亚洲各重要经济体受到了不同程度的影响，对我国经济造成了很大的外部冲击。当时国内四大行经营风险较高，不良资产存量较大，如果不处置这些不良资产，会对经济、金融稳定造成严重影响。面对这种实际情况，我国参考国际通行经验设立了四家金融资产管理公司，分别对口收购处置四大行的不良资产，同时也制定了相应政策进行支持与规范。四大金融资产管理公司在四大行不良资产处置方面发挥了重要作用，为日后四大行顺利上市奠定了基础，为宏观经济金融体系稳定发挥了应有的风险化解功能，基本实现了设立金融资产管理公司的初衷。

我国进入经济新常态后，经济发展由高速增长转向中高速增长，过往经济发展中一些潜在的金融风险陆续暴露。为了增加金融风险处置能力，2012年财政部和原银监会联合印发《金融企业不良资产批量转让管理办法》（财金〔2012〕6号），允许各省级人民政府设立或授权一家地方资产管理公司参与本省（区、市）范围内不良资产的批量转让工作。2016年，各省级行政区的地方资产管理公司扩容至2家，后来监管部门又允许银行设立专门从事债转股业务的金融资产投资公司（简称"AIC"），2021年第五家全国性金融资产管理公司中国银河资产管理有限责任公司（简称"银河资产"）成立。目前，我国不良资产管理行业的经营主体已形成"5＋60＋AIC＋

N"的多元格局。在增加金融风险处置能力的同时，监管机构根据行业发展实际情况也不断出台相关法律法规。应该说，这些制度安排是根据经济和金融发展实际进行的优化提升。

经过二十多年的发展，中国不良资产管理行业制度安排形成了自己的特征，包括体系化、市场化、全面性、多层次性和行业性。目前，我国已形成一级市场到二级市场的市场体系，初步形成了制度体系和监管体系，形成了与金融体系无缝衔接的子体系，可以说，行业的体系化构建初步完成。其中，市场化表现在政策性安排走到今天，已全面实现市场化竞争定价机制和运行机制。全面性主要表现在形成了从区域到全国、从金融不良化解到非金不良化解、从银行端到政府端再到企业端的全面覆盖。多层次性表现在已形成从维护市场有序性的许可制度到全社会力量的参与，形成了高效的传导机制和化解机制。这些特征表明它不再像许多国家那种应急性安排，而是一种穿越周期的常态化机制安排。

与其他金融细分行业相比，不良资产管理行业还属于年轻的行业，行业各项工作发展尚处于逐步建构与完善之中。随着中国经济和金融改革发展趋势的变化以及不良资产市场的不断深化发展，不良资产管理行业制度安排在发展中也出现了一些问题和急需完善的方面。从行业实践来看，华融资产近年来出现较大的经营亏损情况，部分全国性金融资产管理公司或多或少也出现了一定的业绩下滑以及经营风险，正处在转型脱困、"全面瘦身"、回归主业的过程之中。地方资产管理公司发展也存在不均衡的现象，部分地方资产管理公司偏离主业，有一定经营风险，个别省份甚至出现地方资产管理公司解散注销的极端情况。从行业制度安排来看，也存在不统一或不完善的情况。例如，地方资产管理公司至今尚未形成统一的监管制度；同时，许多行业指导意见往往只针对五大金融资产管理公司，缺乏对地方资产管理公司的覆盖；针对地方资产管理公司的"地方资产管理公司管理办法"尚未出台，之前的《地方资产管理公司监督管理暂行办法（征求意见稿）》各方反应不一，而各地方金融监管机构已经出台的地方资产管理公司监管规则也存在着许多差异。这些反映出各界对于行业如何发展的认识分歧较大，困惑较多，甚至有取消资产管理公司制度安排的消极观点。这种局面既不利于行业的有序健康发展，可能还会带来新的衍生风险。

这些行业发展中存在的问题值得我们深入思考。应该说，上述发展问题与行业制度安排有较为密切的关系，所以，要从制度安排视角深入分析。这些问题从本源来看主要体现在行业的功能、属性与机制这三个方面，而这三个方面正是制度安排的主要组成部分。功能是行业所发挥的基本作用，属性反映出行业的本质特性，机制则反映了行业运行的基本规则，这三个方面基本涵盖行业制度安排所涉及的主要方面。本书将基于三者的内涵和关系进行研究和分析。

从广义上来看，制度安排是指在特定领域内约束人或组织的行为的相关规则，它是社会经济单元之间可能采取的合作或竞争方式的一种安排。制度安排可能是正式的，也可能是非正式的；可能是暂时的，也可能是相对长期的。正式的制度安排是指国家制定的法律法规和其他相关准则，它们明确了政府机关、公民和各类社会组织在法律层面确定的权利和义务。除了正式制度安排之外还有一些不以法律制度为表现形式的非正式制度安排，主要包括社会在运行中逐步自发形成的一些运行规则，这些运行规则虽然不如法律等显性制度安排有强制约束力，但在具体社会行为中也起到了较为有效的规范与促进作用。制度安排可以分为社会领域制度安排、经济领域制度安排等类型，其中，经济领域制度安排外在表现形式主要是经济体系发展中所形成的规则，不良资产管理行业制度安排属于经济领域制度安排的范畴。

合理的制度安排可以确保社会各方得到公平待遇、鼓励各种权利和自由；可以促进市场经济的有序发展，创造公平的市场秩序；可以保护社会各阶层的正当利益，确保各级政府机关履行其职责和义务；可以实施社会管理规则和提供社会服务，从而使社会更加和谐美好。可见，制度安排是保障国家稳定和经济社会可持续发展的重要基础设施。

在现代社会体系中，经济制度安排是整个社会制度安排中最为重要的组成部分。从过往的经济发展规律来看，有效率的经济制度安排大都是以经济实践为基础，并根据经济实践特点及客观规律总结提炼，最终逐步形成合理的制度安排。这类有效经济制度的设立，遵循的是从实践中来、到实践中去的基本思路，在制度安排设计上较大程度地符合经济活动客观规律，同时也能够根据经济实践变化情况进行相应的优化调整。与之相反的是，还有一些经济制度不以经济实践为基础，而是依靠纯理论推演或主要依靠人为设计而制定。经济实践证明这些经济制度安排与具体经济实践的融合度较低，并不能发挥制度安排对于经济发展的推动作用，制度安排的有效性也相对较低。这提醒我们，任何经济制度安排都要符合具体经济实践的发展特征，并且要与时俱进，需要根据经济实践的变化进行优化调整，才能实现制度长期有效。

不良资产管理行业制度安排符合一般经济领域制度安排的基本特征。首先，它是一种正式的制度安排，具体而言主要包括行业相关法律、行政法规和地方性法规以及市场运行中逐步形成的行业基本规则等。其次，它依据行业发展的特点形成了自身的发展特征。我国不良资产管理行业走的是一个从无到有、循序渐进的制度安排之路，这与金融体系中的很多细分行业走的发展路径相似，可以说基本形成了一套具有中国特色的行业制度安排。二十多年的不良资产管理行业发展史是制度安排不断丰富优化的过程，在这个过程中，每一项规章制度的出台、行业制度安排的变化都有其现实指导与长远着眼的综合考量。

如前文所述，制度安排与行业实践是相辅相成的，是一个不断互相适应磨合的过程。因此，当前行业制度安排存在的问题都是发展中的问题，解决这些问题需要用历史与发展的眼光进行辩证分析。制度安排的演进与优化是推动行业发展的重要力量。对于不良资产管理行业来说，近几年主要的政策导向是推动聚焦主业、服务实体经济，如何在制度安排层面推动政策执行，实现行业自身稳健发展非常重要。因此有必要对不良资产管理行业现有的制度安排进行全面梳理，特别是要对现存的主要问题进行细致分析。我们需要做的是运用较为科学的方法，构建符合实际的理论分析框架，对现有的制度安排进行客观分析，探究现存问题的背景与成因，分析行业制度安排中的属性和机制对实现行业功能有效性，对行业发展做出客观务实的总体评价，提出相应的对策建议，推动行业制度安排不断完善，促进行业高质量发展。这是本研究的目标任务，也是希望达到的现实意义。

第二节 国内外研究综述

通过资产管理机构处置不良资产是防范化解金融风险的重要途径。西方发达国家的金融业有着上百年的发展历史，经历过多次全球性和国内金融危机的洗礼，在处置不良资产方面已经形成了比较成熟的模式，因此对不良资产管理行业的研究也要早于国内。我国对不良资产管理行业的研究尽管起步相对较晚，但在不良资产管理行业的方方面面也形成了较为丰硕的成果。

本节将对国内外研究现状进行梳理和归纳，并进行评述。首先，总结有代表性的关于不良资产管理行业的理论研究情况。其次，对国际间不良资产管理行业的制度安排进行简要比较，并对非常态化的行业制度安排和常态化的行业制度安排进行概述，为后文的有效性评价做好准备。最后，结合我国不良资产管理行业的发展现状，对目前国内外研究现状进行总结和评价。

一、国内外理论研究概述

（一）国外理论研究总结

在20世纪30年代，西方经济学家就提出不良资产会对经济增长产生影响。Obstfeld[①]（1996）通过金融危机模型阐述了不良资产与经

---

① 为利于专业表达，本书涉及的外国人名均未译为中文。

济增长、金融危机的关系，认为不良资产比率的高低与金融危机和经济增速下降有着密切的关系。

从不良资产的成因来看，Brenda（1999）指出金融系统自身脆弱性是不良资产形成的主要因素，如果不良资产在银行体系大量累积，一方面会给金融系统带来巨大风险，另一方面也会降低银行盈利能力。Jimenez和Saurina（2006）通过对西班牙的不良资产状况进行研究，发现经济增速和实际利率等多个宏观指标会对不良资产的产生造成影响。Wang（2018）认为商业银行业务的竞争会提高不良资产水平。Umar等（2018）认为GDP增长、银行风险承担行为和信贷质量会影响上市银行的不良资产；GDP增长、通胀、汇率、冒险行为、杠杆率和信贷质量会影响非上市银行的不良资产。

对于如何解决金融体系中的不良资产问题，国外的学者也提出了相应的解决路径。Kawai（1999）通过观察各国不良资产市场的基本情况和处置机构的业务模式，提出随着金融市场的发展必然会产生不良资产，因此在不良资产化解的原理上存在着共性。Mitchell（2001）从宏观角度出发，论述了银行和金融监管部门如何在金融业自我核销、让不良资产随着市场自行消化、通过专业的资产管理公司这三种不良资产化解机制中进行选择。

此外，国外学术界对不良资产管理行业制度体系也有着比较细致的研究。Cooke和Foley（1999）通过对东南亚的资产管理公司进行分析，得出了资产管理公司成功运营的共性条件包括政府为资产管理公司提供特别的法律地位、充足的资本金、明确的设立目标、运作的透明性等。Klingebiel（2000）对各国资产管理公司的运行进行比较，并根据设立目的将资产管理公司分为两大类。第一类资产管理公司是为了加快不良资产处置而设立，第二类资产管理公司是为了加快银行和企业重组而设立。通过对比国际间资产管理公司运行的经验，资产管理公司能很好地发挥作为加速不良资产处置的工具的作用，同时对推进银行和企业重组也能发挥一定的功效。

对于我国不良资产管理行业的制度体系，国外学术界早些年普遍持消极态度，其中最具代表性的文献是国际清算银行（Bank for International Settlements，BIS）于2002年发布的《中国资产管理公司的研究报告》（Fung和Ma，2002）。文中指出，四大金融资产管理公司和国际资产管理公司相比，不良资产处置进度远远落后于国际同类机构。同时由于多头监管的存在，使得四大金融资产管理公司面临多重经营目标，难以集中力量处置不良资产。但近年来，随着我国不良资产管理行业的逐步发展和完善，国外学术界也出现不少肯定的声音。Ho和Marois（2019）通过对我国四大金融资产管理公司的发展历程进行研究，指出四大金融资产管理公司对维护我国金融体系的稳定起到了巨大的作用，同时也在一定程度上促进了我国融入国际金融体系。

（二）国内理论研究总结

尽管我国对于不良资产管理行业的研究晚于国外学术界，但通过梳理现有文献可以发现，我国学术界对于不良资产管理行业已经进行了细致和深入的分析，产生了较为丰富的研究成果。从研究的方向来看，现有文献主要针对我国不良资产管理行业的制度安排，从资产管理公司的存续问题及功能、定位、作用，不良资产管理行业的监管、发展存在的问题，未来发展的方向等方面进行了系统的分析和总结。此外，相关文献也从制度经济学的视角对我国不良资产管理行业的制度安排及运行机制进行了剖析。

1. 资产管理公司的存续问题

关于资产管理公司存续的问题，学术界有三种观点。

第一种观点认为资产管理公司的长期存在会产生较大的社会成本，因此在完成化解重大金融风险的政治性任务之后就应退出市场。崔世海等（2004）指出我国四大金融资产管理公司在设立之初就借鉴了美国重组托管公司（Resolution Trust Corporation，RTC）的运作模式，其存在的意义就是收购、管理、处置国有商业银行的不良资产，因此在完成政策性任务之后就应该选择退出，否则会造成社会资源的浪费。易宪容（2005）认为资产管理公司长时间经营和存续将会造成极高的社会成本和代价，基于社会所承担额外成本的角度，资产管理公司应该退出市场。

第二种观点认为资产管理公司应该持续存在并积极寻求转型。王柯敬、王君彩（2005）认为不良资产存在较大的升值潜力，如果设定处置进度，将会引发国有资产流失、资产贱卖等问题。李建功、邹燕（2005）认为从业务来源、处置趋势和市场竞争的角度来看，不良资产转让市场的竞争会越来越强，处置难度也将逐渐变大，所以资产管理公司必须积极转型，另谋出路。张志柏等（2001）认为不应该把资产管理公司作为一个临时性的机构。我国商业银行和国有企业改革的道路还很长远，外资也无法大规模参与到不良资产处置市场，而随着经济的不断发展不良资产还会长期增加。因此，要把资产管理公司的发展纳入我国金融体系建设的统筹规划中。

第三种观点则比较折中，认为资产管理公司需要进行深化整合，明确自身的功能与定位。庄毓敏（2004）认为应该将四大金融资产管理公司进行整合，变成完全市场化运作的金融机构，如改造成投资银行或是面向社会资本进行受托资产管理的专业资产管理机构。

张承惠（2004）指出进行专业化整合和股份制改造后的国有资产管理公司的职能应该限定为收购、管理与处置商业银行的不良贷款，其功能应该聚焦防范系统性金融风险和维护金融稳定，原有的支持国企改革、保全国有资产的职能应该取消。

2. 不良资产管理行业的监管

目前学术界对不良资产管理行业监管的研究主要包括监管框架、监管规则、监管主体等方面。总体上看，我国不良资产管理行业存在监管规则与监管主体不统一、监管框架不完善等问题，在一定程度上制约了不良资产管理行业的进一步发展。

在监管框架方面，战友（2014）通过比较四大金融资产管理公司和地方资产管理公司的经营情况，认为地方资产管理公司的出现对于加快地方金融机构不良资产处置和维护区域金融稳定起到重要作用，但同时也存在业务和四大金融资产管理公司重合、竞争优势不足、监管乏力问题。为促进地方资产管理公司的发展，使其更好发挥防范化解金融风险的功能，监管机构应明确金融属性，同时持续完善法律法规和监管体系。郭志国和贾付春（2020）指出各地方监管机构对地方资产管理公司的属性认知存在差异，造成地方资产管理公司行业属性认知不统一的问题，一定程度上影响了监管的有效性。

在监管主体方面，陈南辉（2012）认为我国现行对资产管理公司的监管方式是多头监管，不仅干扰资产管理公司正常开展业务，还会影响监管效率。结合国际趋势和我国实际发展的需要，应采用目标监管的方式进行监管。汪洋（2020）指出由于地方金融监管部门大多成立时间较短，在对地方资产管理公司进行监管时，专业度存在明显短板，和银保监系统对四大金融资产管理公司的监管存在较大的差距。陈斌彬（2020）指出我国地方金融监管缺乏配套的立法授权，授权基础主要来自于规章与规范性文件，导致出现过度监管、监管错位、监管资源不足等问题。因此，须从立法层面明确地方金融监管边界，对监管配置予以优化。

在监管规则方面，李慧颖（2021）指出地方资产管理公司由于未明确其金融机构的地位，在业务实践方面存在众多掣肘，主要体现在无税收优惠政策、司法支持政策难以落地、抵押登记办理障碍等方面。卿爱娣（2022）指出不良资产管理行业大部分监管规定出台的时间早于地方资产管理公司成立的时间，且相关司法解释、会议纪要也大都未明确是否适用地方资产管理公司，导致各地监管尺度不一，同时还存在以金融机构的标准监管地方资产管理公司的情况。此外，由于不良资产管理行业实践的发展，相应的监管规则也应积极做出变化。

在监管建议方面，陈建平（2014）指出对地方资产管理公司应当创新监管思路，要将其纳入地方金融监管体系进行统一监管。王刚（2017）指出为使地方资产管理公司更好地进行不良资产处置，我国对地方资产管理公司的监管框架、融资渠道、法律诉讼地位、税收待遇等方面的政策要进一步明确。汪洋（2020）指出地方资产管理公司监管工作的短板不容忽视。当前我国地方资产管理公司已迎来发展的机遇期，监管部门须从营造良好的环境出发，通过优化监管举措提升科学监管水平。

3. 制度经济学视角对行业制度安排的分析

尽管上述两类文献对不良资产管理行业的制度安排进行了分析，但多停留在问题的表象上，相关研究缺乏经济学理论的支持，对行业制度安排的分析也缺乏系统性，所得出的结论很难解释行业发展遇到的瓶颈的更深层次的原因。张士学（2007）引入新制度经济学理论分析框架，对我国不良资产管理行业的制度安排开展了深刻的剖析。他运用新制度经济学原理，从正式制度、非正式制度、制度实施机制三个层面对我国不良资产管理行业的运行效率进行了评价，并指出我国不良资产管理行业在金融资产管理公司机制、监管机制、法院机制、地方政府机制四个维度上存在不足与缺陷，使得行业运行绩效与初始预期存在明显差距。其提出非正式制度与正式制度的相容性和协调性较差，创新地从社会和文化的视角对不良资产管理行业制度安排及其运行实践存在的问题进行分析，指出我国不良资产管理行业要继续发展前行，除了要解决法律安排、体制安排、激励安排等正式制度中存在的问题，还须完善诚信教育、履约责任、征信管理等非正式制度，从而保障正式制度的运行。

王元凯（2018）则从新制度经济学交易成本的角度，分析我国不良资产管理行业制度安排的有效性。由于不良资产收购、处置在资产专用性、不确定性和交易频率上的交易特征，使得不良资产市场运行存在着巨大的交易成本。在我国金融组织体系中，资产管理公司作为一种制度安排，其不断的发展和完善可以有效节约不良资产市场的交易和处置成本。为了更好地发挥资产管理公司的功能，制度体系应从促进资产管理公司节约交易成本的角度进行完善和优化。

4. 资产管理公司的功能、定位与作用

从资产管理公司的功能来看，刘忠俊和王在权（2000）认为不良资产剥离对促进商业银行和金融系统进入良性发展循环具有重要意义。首先，组建专门的资产管理公司处理不良资产，是短期内帮助银行摆脱困境的有效路径，可以使银行轻装上阵，避免出现呆账、坏账等问题，从而持续进行商业化运营。其次，银行资产状况的改善将使其更好地发挥金融中介的作用,从而优化资金的配置。最后,不良贷款剥离至资产管理公司进行管理,有利于推进不良贷款抵押物的变现,形成不良债权的市场化处理和经营机制。王元凯(2018)从比较功能和制度安排两个视角总结了我国资产管理公司的功能。在比较功能视角下,资产管理公司具备防范化解金融风险、盘活存量资产的功能,与一般商业性金融机构和保障性金融机构相比有独特的差异化定位。在制度安排视角下,资产管理公司具有节约交易成本、提高不良资产市场效率等功能。

从我国资产管理公司的定位来看,其与国外的资产管理公司相比,既有相同之处,也有自己的特殊之处。黄志凌(2002)认为我国资产管理公司具有债权银行、投资银行和持股公司三重职能,是一种特殊的金融机构。张怀兰(2003)认为我国资产管理公司与传统意义上的资产管理公司有着本质区别,是肩负特殊历史使命、具有特殊法律地位的金融机构,不能像一般意义上的资产管理公司纯以盈利作为经营目标,而是要承担相当部分的政策职能。

对于我国资产管理公司在金融体系中的作用,无论是学术界还是业界,普遍认为资产管理公司处置从国有商业银行剥离的不良资产对防范化解金融风险、支持国有商业银行改革和发展起到了不可忽视的作用。汪兴益(2002)认为我国资产管理公司处置不良资产的实践,有力促进了宏观经济结构的调整,激发了国有企业的活力。资产管理公司通过特殊的资本运作手段,推动了我国资本市场的健康发展。同时,资产管理公司依法追偿债务的经营行为,也有利于维护社会整体信用及构建社会信用体系。

5. 不良资产管理行业存在的问题

由于我国不良资产管理行业具备较强的政策属性,学术界主要从经济体制、法律环境、政府干预等外部因素解释不良资产管理行业发展存在的问题。张志柏等（2001）总结了资产管理公司存在的弊端，主要体现在资产管理公司"官办官营"的运作模式与我国经济发展市场化的导向有所背离，具体表现在政府过度介入市场、重复建设、资产浪费、潜在的腐败等方面。蒲宇飞（2001）分析了资产管理公司运营所面临的主要问题和阻碍，包括法律法规尚不健全、尚未形成有效的处置模式、绩效难以考核等。石明磊和罗玉辉（2020）指出地方资产管理公司存在资金实力不足、相关人才匮乏等问题。同时受监管趋严、市场竞争激烈等外部环境影响，无法有效发挥化解地方金融风险和维护区域金融稳定的功能。

6. 不良资产管理行业的发展方向

对于不良资产管理行业的发展方向，学术界认为资产管理公司首先应多渠道提升自身的竞争力。对于金融资产管理公司来说，须聚焦主业、推动业务创新。对于地方资产管理公司来说，应该积极扩充自身资本实力，打造差异化竞争优势。此外，资产管理公司应积极寻求与金融科技和互联网技术的深度融合，同时把资产证券化作为业务发展的主要突破方向。

李玲（2015）指出在国家推行供给侧改革的大背景下，大型资产管理公司应该聚焦主业，回归本源，从而更好地发挥自身金融"稳定器"的功能作用。侯亚景（2017）通过总结国外不良资产处置经验，认为在经济进入下行期的大形势下，不良资产行业应积极引入民间资本激发市场投资活力，从而加速资产的流转和提高资本配置的效率。

对于地方资产管理公司的发展，蓝国瑜（2015）认为地方资产管理公司作为新生事物，与四大金融资产管理公司在规模、资金实力、社会资源等方面存在较大的差距,因此要采取符合自身特点及优势的发展策略。一方面,可通过增加注册资本和推动股改上市提升资本实力,进而提高不良资产收购实力;另一方面,要积极进行业务创新,丰富产品体系,打造自身的核心竞争力。周娟(2017)指出目前地方资产管理公司的发展遇到较多的问题,地方资产管理公司须积极拓宽融资渠道、完善风控措施、构建市场化用人机制、提升员工素质。

随着互联网和金融科技的不断发展,不良资产管理行业正逐步走向数字化,不良资产的处置模式也在不断地更新迭代。何力军、袁满(2015)认为和传统传播媒介相比,网络传播直观可视且更加便捷,可以提高不良资产交易成功率。王海军等(2019)认为网络科技传播手段较传统的纸质媒体传播效率更高,可以有效扩大不良资产的受众面。因此,通过网络科技传播手段可以有效提高不良资产回收率,同时也能减少徇私舞弊的空间。

资产证券化可以提升不良资产处置效率,实现不良资产处置收益的提升;同时,也能够有效解决不良资产流动性不足的问题。基于不良资产证券化的特点和优势,学术界普遍认为资产证券化是不良资产管理行业的一个必然发展趋势。赵子如(2016)认为资产证券化可以解决不良资产的非标问题,通过互联网金融等新型渠道可以将非标准化的不良资产转化成标准化产品,不仅可以降低资产管理公司的资金占压,也有助于存量资产的盘活。

二、国际间不良资产管理行业制度安排的简要比较

20世纪80年代以来,受金融业务创新、全球一体化、资本跨境

流动的加速等一系列因素的影响，不良资产逐渐成为一个全球性的普遍问题。不良资产的大规模产生与累积不仅对金融机构的正常经营产生巨大的危害，同时也会影响宏观经济金融体系的系统性安全。无论是发达国家，抑或是新兴经济体，在过去40年的时间中，都出现过因巨额不良资产引发金融体系系统性危机的情况。因此，如何通过制度安排化解金融体系的不良资产已成为各国政府、金融监管部门、金融机构需要共同面临的一个重大问题。本文选取具有代表性的国家，对国际间不良资产管理行业的制度安排进行简要比较，其中既有以美国、爱尔兰为代表的西方发达经济体，也有在文化上和我国有相似之处的近邻国家日本和韩国，此外，还将考察新兴经济体对于不良资产管理行业的制度安排，如越南、印度尼西亚等国。这些比较将有助于我们更全面地了解不同国家不良资产管理行业的运作方式和制度特点。

资产管理公司这个特殊的金融制度安排起源于20世纪80年代的美国。当时，过于宽松的金融环境及利率管制法案的取消导致了美国金融业产生了大量不良资产，数以千计的储贷机构和商业银行被迫关闭。为有效解决储贷机构大量倒闭所引起的储贷危机，美国国会于1989年通过《金融机构改革、复兴和实施法案》，依法成立RTC，该公司的责任是在最大程度减少政府损失的前提下，有效管理和处置倒闭的储贷机构以及其他风险金融机构的不良资产。

从1989年成立至1995年12月最终宣布解散，RTC成功接管了约2000家存在重大潜在风险的金融机构，重组了747家储贷机构。通过拍卖、资产证券化、与第三方合作等多种方式处置了账面价值接近4600亿美元的不良资产，实现了85%以上的平均回收率，较好地完成了特别法赋予的责任与使命，有效阻止储贷危机进一步加剧。在帮助美国经济复苏并逐渐走强的过程中做出了应有贡献。

重组信托公司对于不良资产处置的成功实践也为其他国家进行金融机构重整、化解不良资产提供了一个可借鉴的制度安排范例。此后，亚洲金融危机、2008年全球次贷危机等一系列系统性金融风险事件出现时，各国也纷纷开始效仿美国RTC的模式，通过设立专门的资产管理公司应对迅速攀升的不良资产，从而实现化解系统性金融风险的目的。为应对经济泡沫，日本于1996年设立风险化解与债务清收公司（Resolution and Collection Corporation，RCC）以维护商业银行的资本稳定和金融市场的系统性安全；爱尔兰为应对由2008年次贷危机引发的主权债务危机和房地产泡沫，于2009年12月成立了欧洲的第一家"坏账银行"（Bad Bank）——国家资产管理局（National Asset Management Agency，NAMA），以处置从银行端剥离出的不良资产；韩国在亚洲金融危机之后，将韩国资产管理公司（Korea Asset Management Corporation，KAMCO）重组改制为独立的国有资产管理公司，并专门负责集中收购处置问题金融机构的不良资产。

从各国不良资产管理行业的发展实践来看，尽管在处置模式上各不相同，但其核心方法基本一致。一般都是由政府主导，成立专门的资产管理公司，把出现问题、无法回收的资产从金融机构剥离出来进行处置。但各国资产管理公司在完成应急性政策使命之后，却走上了不同的发展道路，可以分为非常态化的行业制度安排和常态化的行业制度安排。

以美国为例，RTC在储贷危机中对不良资产的集中处置使不良资产市场逐渐成为美国金融市场中一个重要的专业细分市场，是资产大类配置中一个不可或缺的品类，并催生出以黑石（Blackstone）、橡树资本（Oaktree）、KKR（Kohlberg Kravis Roberts）为代表的一批把不良资产作为重要投资方向的资产管理机构。目前美国不良资产管理行业呈现出高度商业化、持续创新等特征，拥有最为完善的市场结构及专业化的服务商体系。基于美国高效率、多层次的金融体系，不良资产可以通过纯市场化运作的不良资产投资机构及相关对冲基金等多种手段和途径进行自我消化，专营的资产管理公司作为一种显性的制度安排，其必要性也逐渐降低。即使在2008年次贷危机爆发之后，美国政府也未设立专门的资产管理公司以应对急剧上升的不良贷款，而是通过借助市场的力量，运用诸如公私合营投资计划（Public-Private Investment Program，PPIP）等与民营资本合作的模式化解不良资产。尽管美国并未设立常态化运行的资产管理公司，但其在不良资产管理行业的制度安排同样体现在其高度发达的资本市场和完善的法律体系中，可以被视为一种隐性的、具有非常态化特征的行业制度安排。

从制度经济学的角度来看，制度的建立旨在通过降低交易成本减少交易中的不确定性。与美国相比，全球大多数国家并不具备其高效率、多层次的金融体系，与金融相关的法律法规体系也不尽完善，结合不良资产市场信息高度不对称的特性，高昂的交易成本成为阻碍市场化处置机制发展的一大难题。因此，美国非常态化的行业制度安排并不适用于全球绝大多数国家。在实践中，许多国家尤其是发展中国家，更需要显性的、具有常态化特征的行业制度安排，即通过设立常态化运行的资产管理公司来降低不良资产市场的交易成本。这种制度安排旨在以更加稳定和可控的方式管理和处置不良资产，以维持金融市场的稳定和正常运转。受1997年亚洲金融危机的冲击，泰国、越南、印度尼西亚、马来西亚等国均成立了具有政府背景的资产管理公司。但和以美国、英国为代表的欧美发达经济体相比，上述国家的金融体系较为脆弱，自身对系统性风险的防范化解能力不足。因此，这些国家的资产管理公司在完成政策性使命之后，一般都会选择存续运营，并作为政府化解金融风险的政策工具而长期存在。

目前这种常态化的行业制度安排广泛存在于世界许多经济体中，以亚太地区为例，除了前文提到的韩国KAMCO和日本RCC之外，印度尼西亚设有印尼资产管理公司（PPA），泰国设有Sukhumvit资产管理公司（SAM），哈萨克斯坦设有问题贷款基金（FPL），等等。除了设有1—2家常态化运行的资产管理机构之外，一些国家的商业银行也会成立专门的资产管理公司作为补充力量。如越南在越南资产管理公司（VAMC）和越南债务及资产交易公司（DATC）两家资产管理公司之外，还存在20多家隶属于商业银行的资产管理公司，服务于母行的不良资产处置。

常态化运行的资产管理公司除了承担化解系统性金融风险的职责之外，一般还会承担盘活存量资产、救助危困企业、促进经济转型等功能。举例来说，日本RCC的经营重点自2000年之后逐步转为盘活存量资产和促进企业再生，并与政府主导的日本产业再生机构（Industrial Revitalization Corporation of Japan，IRCJ）一起共同解决企业债务及"僵尸企业"等问题。通过业务重组、提供流动性支持及经营咨询等方式，RCC使一大批企业重获生机。截至2022年3月，RCC共帮助700家企业重获新生，对日本"僵尸企业"的化解发挥了重要作用。

由于不良资产自身的复杂性，不同国家在处理不良资产和化解金融风险上会根据其金融体系的发展层次和法律环境选择不同的制度安排。非常态化的行业制度安排和常态化的行业制度安排本身并无明确的优劣之分，两种制度安排各自有适用的情境和优点，制度选择的关键在于如何与各个国家的特定需求和经济发展背景相匹配，从而更好地发挥不良资产管理行业的功能作用。

三、国内外研究评述

通过比较国内外文献，我们可以看到国外学术界对于不良资产管理行业的研究除了时间上较早以外，在不良资产概念的提出、不良资产的成因、不良资产对宏观经济和金融体系的影响等方面已经形成较为完善的理论体系和分析框架。同时，也对不良资产的处置模式和资产管理公司的运营进行了较为全面的总结。尽管各个国家在经济体制、法律体系、监管机制等方面存在不小的差异，但普遍认为设立资产管理公司是处置银行不良资产的必要途径，是防范化解金融风险的重要手段。在处置手段方面，国外学者大多提倡通过市场化的方式，如通过设立基金等途径开展不良资产处置。同时，政府应该在法律上赋予资产管理公司特殊地位，并在融资渠道和政策上对资产管理公司的运营给予支持。

从研究方向上看，由于西方发达国家不良资产管理行业市场化程度较高，学术界更偏向于探究不良资产与经济增长、汇率、金融风险等宏观指标的内在联系及因果关系。而我国不良资产管理行业因为较强的政策属性，学术界更着眼于行业背后制度安排的剖析。从时间上来看，由于金融资产管理公司成立的特殊政策背景，早期研究的焦点主要集中在四大金融资产管理公司完成政策性业务之后是否应该存续经营上。此后，随着不良资产管理行业成为防范化解金融风险的常态化机制安排，对于行业的研究则集中于资产管理公司应如何进行市场化转型，并开始对行业的运行机制展开剖析，从经济体制、监管框架、法律环境、政府干预等方面挖掘行业运行出现问题的原因。对于行业未来的发展，理论研究的结果较为一致，都建议我国应从完备监管框架、完善法律体系、促进资产管理公司市场化转型、推动数字化及资产证券化等方面入手，推动行业持续深化发展，研究的差异主要是切入点和视角的不同。

但值得注意的是我国对于不良资产管理行业的研究有着较强的时效性，在行业的不同发展阶段，研究的重点和热点有着很大的差异。在早期，学术界的主要研究对象是四大金融资产管理公司。而在2013年之后，研究的热点又转为地方资产管理公司。同时，随着我国经济体制改革的不断推进和金融体系的逐步完善，早期对于不良资产管理行业制度安排的研究已经不适应目前的发展环境，提出的相关建议在当前也不具有可操作性。

制度安排的优化是促进行业发展的重要驱动力。从行业的发展现状来看，金融资产管理公司近年来存在不良资产处置主业弱化的共性问题，一些金融资产管理公司甚至发生了较大的经营风险。此外，由于缺乏明确的监管主体和监管框架，部分地方资产管理公司开展了一系列偏离主责主业的风险腾挪及"赚快钱"业务，违背了化解区域金融风险的使命和初心。行业发展到今天，制度安排的短板已逐渐显现，行业整体也来到了转型的十字路口。

尽管过往文献从不同的视角对我国不良资产管理行业制度安排进行了分析，但大多未触及目前行业制度运行中出现问题的深层原因，也无法系统性地回答行业制度到底应该如何演进和完善以提升行业总体运行的有效性。我们仍然在行业制度安排上面临许多未解决的问题。站在十字路口，我国不良资产管理行业迫切需要一盏明灯，从实践出发，以理论为指导，以此驱动行业制度的不断优化，确保不良资产管理行业能够长期有效地发挥作用。

党的二十大报告指出："推进国家安全体系和能力现代化，坚决维护国家安全和社会稳定。"金融安全是国家安全体系的重要组成部分，目前国内外经济、金融形势正在发生深刻变化，各方面金融风险不断积累，不良资产已成为影响我国金融安全的重要风险因素。在当前政策环境和经济形势下，对我国不良资产管理行业的制度安排进行系统的梳理和总结，通过构建行业制度安排的理论分析框架及评价体系挖掘目前行业发展困境背后的制度原因，并以此为基础为行业制度安排的优化和完善提供理论依据和相关建议，具有很强的现实意义，不仅可以填补相关学术空白，从制度安排的角度创新行业理论分析体系，还能为我国不良资产管理行业的进一步深化发展提供参考，从而助力国家金融安全战略的实现。

第三节　研究框架

本书从问题出发，以我国不良资产管理行业存在的必要性及行业制度安排的有效性为研究主线，对国内外不良资产管理及相关研究进行评述，探究理论研究基础。其后在研究什么是行业的过程中，梳理提炼行业发展的历史、现状和特征。在此基础上运用理论与实践相结合的方式，从功能、属性、机制三个制度安排的构成维度展开深入分析，并通过建立有效性评价模型对行业制度安排有效性作出评价，分析行业的显隐性、运行机制以及环境对制度安排有效性的影响，最后提出进一步完善行业制度安排相关建议。下文将从概念简要梳理出发，逐步展开研究分析。

一、行业的制度安排

在分析本书的理论模型前，我们需要对以下几个重要的关键词进行理论及现实意义的阐释。

（一）行业的表现形式与构成

从行业的表现形式来看，分为显性和隐性。显性行业可以理解为一种"专职"的行业，例如我国不良资产管理行业，肩负着国家赋予的"防范化解金融风险，服务实体经济"的重要使命，并先后成立了全国性金融资产管理公司、地方资产管理公司等专职机构，是一种常态化的制度体现。隐性行业可以理解为一种"兼职"的行业，如前文所述，美国以及一些发达国家已经不再设立常态化运行的不良资产管理公司，是一种非常态化的存在形式。

本书探究的"行业"由具象和抽象两个层面构成。行业的具象构成包括主体、客体以及市场三个方面，是能够通过量化体现的现实层面的具体现象。相对的，行业的抽象构成即制度安排。制度安排主要是约束行业的一系列规则，不能通过量化体现。应该说，行业的抽象和具象是同一事物的两个方面，具象是行业的外在表现，抽象的制度层面对具象的行业的主体、客体的属性和它们相互作用的机制关系进行了规定，决定了行业发展的方向，具有行业的本质特征。本书主要研究的是行业抽象方面的制度安排。

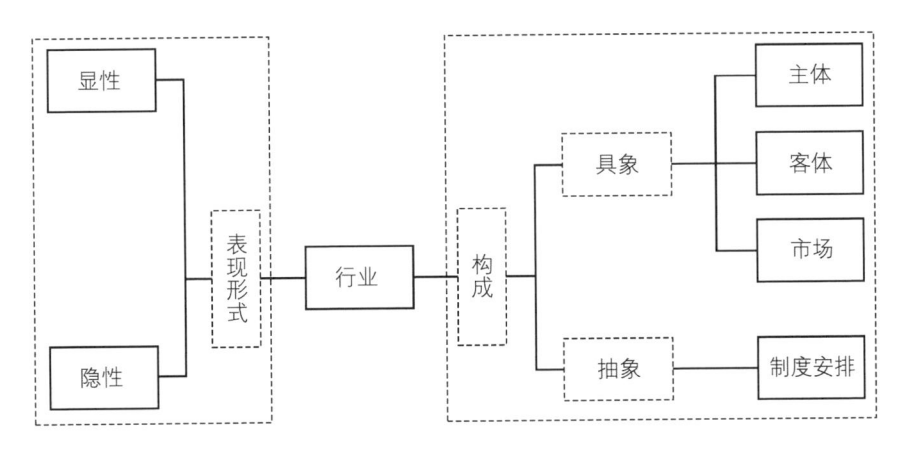

图 1-1 行业的表现形式与构成

（二）制度与制度安排

1. 制度

在研究制度安排前，先明确"制度"一词的定义。从社会科学的角度来理解，制度泛指以规则或运作模式，规范个体行动的一种社会结构。这些规则蕴含着社会的价值，其运行表现出一个社会的秩序，并被广泛应用到社会学、政治学及经济学的范畴之中。在经济学界，"制度"一词虽然使用频率很高，但是不同的流派或不同的经济学家，对制度的理解和赋予的含义并不完全一致。最早将"制度"定义为"个人或社会对有关的某些关系或某些作用的一般思想习惯"的学者，是美国经济学巨匠、制度经济学鼻祖凡勃伦。同样是制度经济学家的康芒斯，则把制度解释为"集体行动控制个体行动的行为准则或规则"。新制度经济学的鼻祖科斯认为，从交易费用与制度安排两者之间的关系角度出发，制度的根源在于交易，制度建立和运行的主要目的是降低交易费用。"制度变迁理论"的建立者诺斯认为，制度是为决定人们的相互关系而人为设定的一些制约。综合新、老制度经济学对制度起源的分析，我们可以认为，制度最重要的作用就是消除不确定性，减少人们相互之间的交易成本和保证社会秩序的有效运转。因此，我们从制度与个人行为的关系来界定制度的基本概念，即制度是规范个人行为的各种规则和约束。

2. 制度安排

与制度紧密相关的另一个概念是制度安排。经济学将制度安排定义为：管束特定行为模型和关系的一套行为规则。其实，制度安排一词与制度一词是非常接近的，制度安排可以看作制度的同义词或制度的具体化。从广义上来看，制度安排是指在特定领域内约束人的行为的相关规则，是支配社会经济单元之间可能采取的合作或竞争方式的一种安排。我国不良资产管理行业的制度安排可以看作一种"防范化解金融风险，服务实体经济"的常态化机制安排，由行业运行机制中主体、客体、市场、机制等规则共同组成。

制度安排有以下特征。首先，制度安排的刚性特征。根据新制度经济学原理，本书将制度安排分为两种类型：一种是正式的制度安排，一种是非正式的制度安排。这里的正式的制度安排是指由国家、政府或统治者有意识地创造的一系列具有强制执行力的规则，是国家层面显性的指令性安排，其中包括国家制定的各种法律法规和规章等。非正式的制度安排是指法律和国家政策以外的隐性规则，主要是指价值信念、伦理规范、道德观念、风俗习惯、意识形态等不成文的约定俗成。其次，对正式制度安排特征的延伸是制度形成的表现特征，分为强制性和演进性两种形态。其中，强制性的制度安排是一种自上而下的制度设计，它的变迁可以在"一夜之间"完成，属于外生的制度安排，是自上而下的。演进性的制度安排，来自于现实的经验积累与演进，是一种自下而上的制度安排。最后，根据制度安排中主体的主业范围特征，可以将制度安排分为常态化制度安排与非常态化制度安排，即行业中主体的主业范围是否只是不良资产，还是除不良资产以外还包含其他业务范围。显性行业是由常态化的制度安排形成，主体必须专注不良资产；隐性行业是由非常态化的制度安排形成，主体往往把不良资产作为其组合配置的一类资产。例如美国及部分发达国家的不良资产管理行业，即为一种正式的、强制性的、非常态化制度安排所形成的"兼职"的隐性行业。

我国的不良资产管理行业是一种正式的、强制性的、常态化制度安排，是"专职"的显性行业，主要体现在主体、功能、法律制度体系三个方面。行业主体方面，我国不良资产管理行业的核心管理者执行经营许可制度，金融资产管理公司、地方资产管理公司、AIC等通过获取相关金融监管机构许可、相关牌照后，才能够开展特定的不良资产管理业务。行业功能方面，我国不良资产管理行业的核心管理者在获取许可后聚焦主责主业，围绕"防范化解金融风险，服务实体经济"的总体功能定位，综合金融风险的常态化防范与针对性化解两种手段，兼顾事前风险预防与事中事后风险处置，防止不良资产的循环与累积，体现出一定的"专职"性；而美国等部分发达国家的不良资产管理公司，在特定时期完成不良资产风险化解的功能作用后选择解散，并将不良资产管理分布于各类资产管理机构的资产配置和处置活动中，形成了与我国不良资产管理行业"专职"性存在鲜明对比的"兼职"性特征。行业的法律制度体系方面，与其他部分国家分散的制度体系不同，我国专门出台了针对金融资产管理公司的管理条例和司法解释，部分地区也出台了针对区域内地方资产管理公司的管理条例或指引，构建形成了具有中国特色的行业法律制度体系。

"功能、属性、机制"三个要素是不良资产管理行业制度安排的主要组成部分。功能即"做什么"，是行业与制度安排的起点，既代表着行业的定位，也是检验制度安排效果的目标。属性即"是什么"，决定了不良资产管理行业的性质与关系，反映出行业的特性，同时影响着机制。机制即"怎么做"，反映了行业中主体与客体之间的互动规则。"功能、属性、机制"三者之间相互关联、相互影响。当三者出现问题或相互之间出现摩擦、存在矛盾时，会直接影响制度安排的有效性。

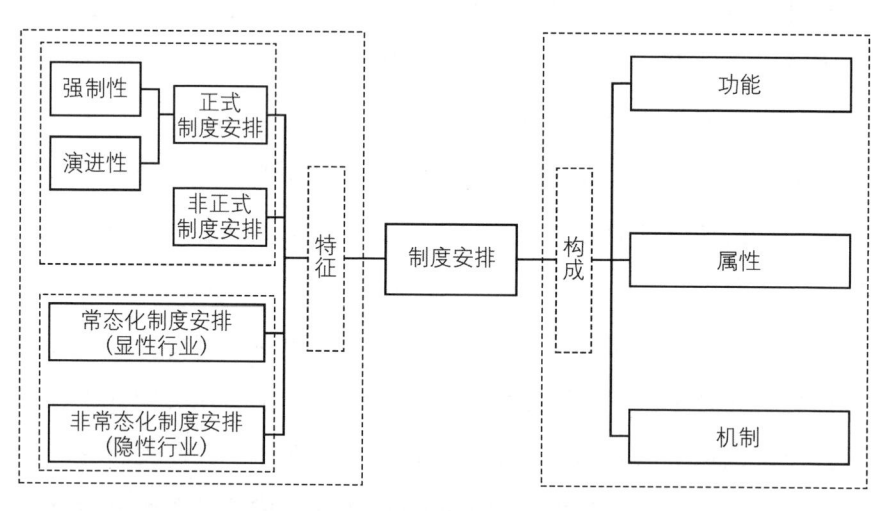

图1-2 制度安排的特征与构成

(三)制度安排的目标:功能与秩序

制度安排的主要目标有两个方面,一是"功能"的有效实现,二是保障行业与市场的"秩序"。"功能"或"功能作用",是制度安排的目标,能够作为检验制度安排有效性的目标。而"秩序"既能直接影响功能,又能作为一种防止产生负面溢出效应的因素出现。"秩序"一词在我国的常规解释是"秩,常也;秩序,常度也,指人或事物所在的位置,含有整齐守规则之意",指一种有条理、不混乱的情况,是有序的表现,与之相对的是"无序"。有效的制度安排能够有序地又快又好地发挥功能作用;无序的制度安排会阻碍功能作用的发挥,导致制度安排低效甚至失效。

秩序性通过两种方式实现。一种方式是强制性。它来源于某个集体,不管这个集体是共同体还是国家,强制性的力量使得人们不管内心愿意与否、高兴与否都必须遵守一定的规定。另一种方式是自发性。它来源于约定俗成,是对市场规律的自发调节,是一种"自发秩序"。

与其他大部分国家相似,我国不良资产管理行业制度安排的秩序性,也是依托制度安排的强制性来实现的。所不同之处在于,与部分发达国家相比,整体上我国市场化机制还不够成熟。一些发达国家不良资产管理行业之所以可以采取非常态化的制度安排并有效运行,其基础是高效的市场机制作为支撑。意味着这些国家的市场化程度相对发达,不需要"看得见的手"进行过多干预,可以通过"看不见的手"实现一定程度上的自我调节。通过强制性的常态化制度安排保持行业的秩序性,使我国不良资产管理行业在现有的市场化发展阶段中，依然能够较好地发挥功能作用。

二、理论分析模型的构建

理论分析模型的起点是行业内涵和特征的甄别，模型的重点是行业的制度安排，即功能、属性与机制。首先，对我国不良资产管理行业的功能进行分析。以功能相关的理论概述为基础，从宏观视角的体系功能及微观视角的机构功能两个方面进行论述，并对行业中不同主体之间功能定位的侧重差异进行分析。其次，对我国不良资产管理行业的属性进行分析。以属性相关的理论概述为基础，延伸至本书的分析主体，提出并探究我国不良资产管理行业的体系属性、机构的内在属性以及机构的法律属性。最后，对我国不良资产管理行业的运行机制进行分析。探究运行机制的相关理论，从行业生态系统、市场运行机制、监督管理安排以及运行机制存在的问题等方面对行业运行机制进行探讨。

制度安排研究的主要任务之一是对制度安排的有效性进行评价。本书认为，任何功能的实现，既是内在机制运行的作用，更是内在机制在特定环境中的运行效果。因此，本书在构建制度安排中机制对功能作用的机理的基础上，引进"环境"因素，形成"制度—环境"行业有效性评价分析模型：制度安排是否有效，是行业机制和环境因素共同作用的结果。完整详细的"制度—环境"行业有效性评价分析模型将在第六章全景呈现。

应该说，"制度—环境"行业有效性评价分析模型是本书的重要理论构想，是本书有效性评价的核心工具。简图如下：

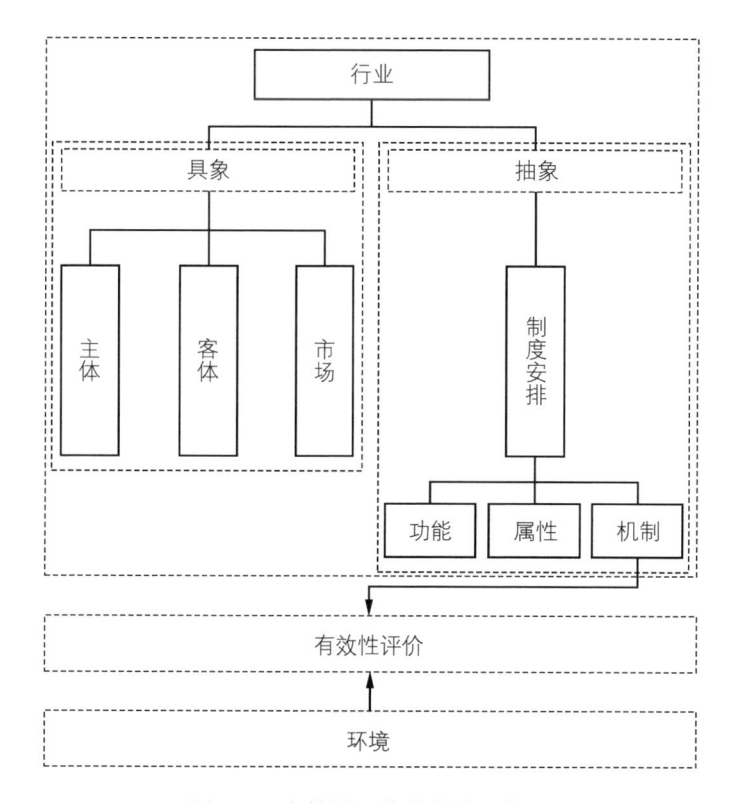

图1-3　有效性评价分析模型简图

[第二章]
我国不良资产管理行业发展的历史回顾、现状及特征

本章基于对我国不良资产管理行业发展历史的回顾及现状的总结，归纳出行业发展特征，为后文详细讨论我国不良资产管理行业的制度安排打好基础。我国不良资产管理行业发展历经政策性展业阶段、市场化转型阶段、全面市场化阶段，二十多年的发展为我国金融体系改革与发展做出了重要贡献，也形成了鲜明的特征，成为金融体系的重要组成部分，行业发展基本成型。

第一节　行业相关理论概述

一、行业相关概念

（一）行业

"行业"原本只是一个古老的经济概念，但在历史的演变过程中，行业在社会结构中的地位显著提高，在社会治理中发挥了更为重要的作用，其范围从经济领域逐渐扩展到了社会领域。张文显和卢学英（2002）指出，现代社会，行业的发展逐渐取代了阶级的组织作用，基于同质性形成的各类行业共同体在社会结构变迁与社会资源重新配置过程中不断出现。

由于其概念的复杂性、模糊性，或处于不言自明的认识，目前学界对"行业"一词并没有明确定义。我国《国民经济行业分类》（GB/T 4754—2017）将"行业"定义为"从事相同性质的经济活动的所有单位的集合"，以经济活动的同质性来划分行业。该定义从统计需要出发，将"行业"的概念做了一定简化。中国台湾地区现行《行业标准分类》则将"行业"定义为"工作者工作场所隶属之经济活动部门"，也是一种解释性简化定义。

国际上涉及行业分类的标准，包括联合国统计司制定的《所有经济活动的国际标准行业分类》（ISIC）、欧盟统计局建立的欧盟产业分类体系（NACE），以及美国、加拿大和墨西哥联合建立的北美产业分类体系（NAICS），其中关于"行业"或"产业"概念都是基于经济或经济管理的角度使用的，都从统计角度出发强调从事同质性经济活动的主体。

事实上，一个行业的产生离不开制度安排（无论正式的抑或非正式的），并且行业相关主体不仅仅包括从事相关经济活动的单位，还包括监管机构、消费者等，行业内的经济活动则可进一步明确表述为相关商品（包括产品及服务）的生产、分配、交换、消费过程。

基于以上认知，并结合本书的研究需要，我们将"行业"定义为：行为主体就相同性质商品如何进行生产、分配、交换、消费的行为及相应的制度安排。可见，行业包含了行为主体、行为客体和各种行为以及规范主客体及其行为的制度安排。

（二）行业的构成要素

结合前述分析，行业的构成要素主要包括主体、客体、市场、制度安排等四个方面。其中主体、客体、市场是行业的具象构成要素，制度安排是行业的抽象构成要素。

1. 行业主体

"行业主体"在广义上包括行业经营主体、行业监管主体、行业协会、从业人员、社会公众等；在狭义上指行业经营主体，以企业为主。本书采用"行业主体"的狭义定义，即"从事相同性质的经济活动的所有单位"，与前述《国民经济行业分类》对"行业"的定义保持一致。

2. 行业客体

行业客体是指一个行业内所生产、分配、交换、消费的对象，主要包括行业经营主体提供的商品。部分行业的称谓即是通过行业客体来表现的，例如"煤炭行业""交通运输行业"等。

3. 行业市场

行业市场是指行业经营主体对行业客体进行交换（交易）的活动或交易场所，场所可以是实体的，也可以是虚拟的（如线上交易平台等）。由于行业的核心指向是交易行为，即市场，因此，一定语境下，"市场"与"行业"有一定的替代性，例如"房地产市场"与"房地产行业"，但内涵上有一定的侧重，后者有时更倾向于指向主体。

4. 行业制度安排

有学者将"制度安排"定义为"管束特定行为模型和关系的一套行为规则"。Davis和North（1970）认为"制度安排"是指"约束经济单位之间合作或竞争方式的一种安排"，并指出，制度安排可能是正式的也可能是非正式的，可能涉及组织也可能不涉及，可能是暂时的也可能是长期的。与此相关的概念"制度环境"则是指约束经济和政治活动的一套基本的政治、社会和法律规则。制度安排的性质和演进取决于具体的制度环境，制度环境不同，制度安排也就不同。林毅夫（2017）也指出，发展中国家的经济基础不同于发达国家，因此上层建筑的各种制度安排和政策措施应该不完全一样。在此基础上，我们认为行业制度安排是指约束行业运行的一套规则，其性质和演进取决于行业运行的具体制度环境。如前文所述，行业制度安排主要包括行业的功能、属性、运行机制等方面。

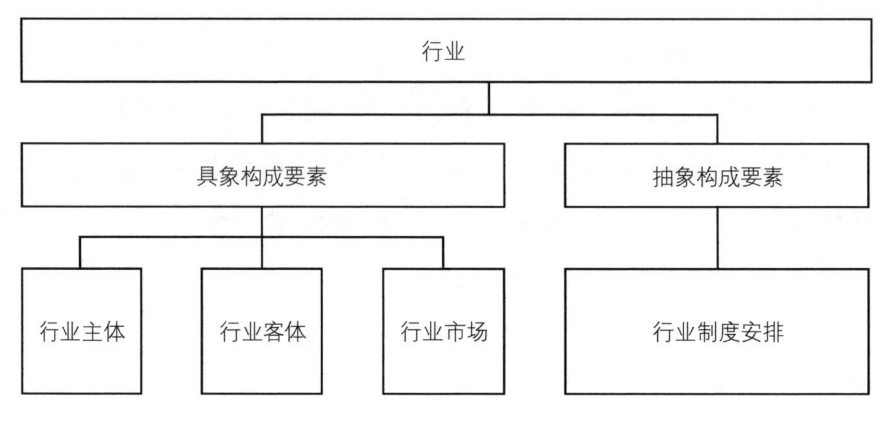

图2-1 行业构成要素

二、不良资产管理行业相关概念

基于上述认识，我们将"不良资产管理行业"定义为：不良资产管理者针对不良资产进行的收购、处置和其他管理行为以及相关的制度安排，具体包括行业主体的资产管理者、行业客体的不良资产、行为的集中体现的行业市场，以及规范主体、客体及市场的制度安排。

（一）不良资产管理行业的主体

不良资产管理行业的主体主要指不良资产行业经营主体，即推动不良资产管理活动开展的单位，主要包括不良资产投资商和不良资产服务商。

（二）不良资产管理行业的客体

不良资产管理行业的客体是指各类不良资产。根据持有主体、权益形态、变现能力等维度，不良资产有不同的分类。

（三）不良资产管理行业的市场

基于"行业市场"概念的多样化内涵以及不良资产管理行业客体的多样性，不良资产管理行业的市场有以下几层含义：一是指不良资产管理者管理不良资产的活动，二是指不良资产进行交易的场所（线下或线上）。

（四）不良资产管理行业的制度安排

不良资产管理行业的制度安排是指约束不良资产管理行业运行的一套规则。根据第一章的分析，不良资产管理行业制度安排具体包括行业的功能、属性、运行机制等方面，其性质和演进取决于不良资产管理行业运行所处的具体制度环境，即因行业所处区域（国家或地区）不同而有所区别。例如，美国的不良资产管理行业以非常态制度安排为主，在重组信托公司（RTC）解散后，不良资产管理分布于各类资产管理机构的资产配置和处置活动中（作为"特殊资产""另类资产"实现资产配置目标）。欧洲的不良资产管理行业中，机构收购不良贷款无须牌照，行业运行以市场化自主运行为主，不过对于不良贷款服务商（Servicer）有一套系统的管理规则及评价体系。中国的不良资产管理行业经历了政策性展业阶段、市场化转型阶段、全面市场化阶段，行业在各阶段均发挥了重要作用，逐步形成一种常态化的制度安排。可以看出，在全球视角下，不良资产管理行业的制度安排受制度环境影响，在实践中显性（常态化）制度安排和隐性（非常态化）制度是否有效，取决于相应的制度环境，这其中最重要的环境是市场化程度的高低。市场化程度高的区域可采用以市场资产配置为主进行不良资产处置的显性制度安排，市场化程度低的区域倾向于常态化的显性安排。

第二节　我国不良资产管理行业发展历史回顾

我国不良资产管理行业的发展历史是一部防范化解金融风险、服务实体经济发展的历史，不良资产管理行业在我国金融体系改革与发展过程中发挥了重要作用。20世纪八九十年代，部分国家经历了严重的银行业危机，各国政府纷纷采取政策措施进行应对，通过设立金融资产管理公司等专业机构，对银行业不良资产进行集中收购处置，以快速改善银行资产负债状况、提高银行信用，化解金融风险。从各国金融资产管理公司实际运行情况来看，该模式对维护金融体系稳定起到了积极作用，成为处置金融机构不良资产的成功模式。

同一时期，我国的商业银行也存在着不良资产高企的问题。尽管我国经济总体保持快速增长，然而国有银行、国有企业大多尚未建立现代企业制度，内部风险控制较为薄弱，不良贷款的正常剥离核销及处置工作进展缓慢，银行累积了相当规模的不良贷款。2002年，中国人民银行对国有独资商业银行进行了一系列现场检查，包括检查单笔大额不良贷款。检查发现，单笔大额不良贷款形成的原因是多方面的，其中最为重要的三个因素是企业经营管理不善、宏观政策调整和市场环境变化、银行内部管理薄弱。周小川（2004）指出，改革开放以来我国国有商业银行的不良贷款，约30%是受各级政府干预导致的，约30%是对国有企业的信贷支持形成的，约20%是国有银行自身信贷经营不善造成的，约10%是国内法律环境不到位、法制观念薄弱以及一些地区执法力度较弱所致，约10%是政府通过"关停并转"[①]部分企业进行产业结构调整形成的。

在过去二十余年中，与我国经济发展、金融体系运行所处不同发展时期的情况相对应，我国不良资产管理行业大致经历了三个发展阶段：

第一个阶段：政策性展业阶段（1999—2006年）。信达资产、华融资产、东方资产、长城资产四大金融资产管理公司于1999年成立，开展政策性业务，接收国有银行剥离的不良资产，化解金融风险，为四大国有银行股改上市打下了基础。这一阶段，我国商业银行不良余额与不良率快速下降，国有银行政策性剥离的不良资产在2006年底基本处置完毕，为我国经济发展、金融体制改革创造了良好条件。

---

① 指关闭、停办、合并、转产。

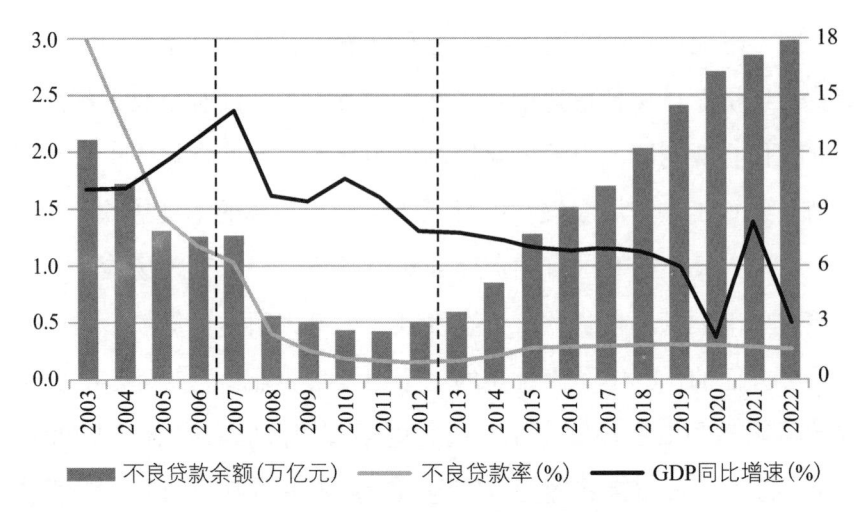

图2-2 我国不良资产管理行业发展阶段

数据来源：国家统计局、国家金融监督管理总局（原银保监会）

第二个阶段：市场化转型阶段（2007—2012年）。四大金融资产管理公司顺应实体经济和金融市场发展变化，从政策性业务向商业化业务转型，两类业务实行分账管理、分账核算，并通过托管、重组等方式对问题金融机构进行处置，综合金融服务集团逐步成型。这一阶段，我国不良资产管理行业的处置手段逐步多元化，到了中后期不良贷款余额基本保持在0.4万亿—0.5万亿元，不良贷款率基本保持在1%左右，为我国科学合理应对金融危机、经济发展逐步实现软着陆提供了有力支撑。

第三个阶段：全面市场化阶段（2013年至今）。随着区域性金融风险逐步暴露，不良贷款余额与不良贷款率双上升，地方资产管理公司顺应时势登上历史舞台。与此同时，四大金融资产管理公司也逐步实现全面商业化经营，东方资产、长城资产完成股份制改造和引进战略投资者，信达资产、华融资产在前期股改、引战的基础上，先后在港交所上市，进一步实现体制机制市场化、业务范围多元化。

2021年，第五家全国性金融资产管理公司银河资产开业，全国性金融资产管理公司再添新兵。2019年以来，随着行业内牌照公司的不断扩容，监管政策陆续出台，加大了对金融资产管理公司和地方资产管理公司的监管强度，强化牌照公司回归主业，做"真不良"业务。同时，行业参与者快速增加，竞争提升，市场化定价机制和管理机制持续优化，推动行业的市场化进程。从市场运行情况来看，这一阶段，金融风险逐步释放，不良贷款余额逐步上升至2.8万亿元左右，不良贷款率上升并基本保持在1.7%—1.9%之间。与此同时，全球主要经济体货币政策调整、我国经济增速呈下行趋势等环境变化，也为我国不良资产管理行业发展带来新的机遇与挑战、提出新的发展命题。

一、政策性展业阶段（1999—2006年）

我国不良资产管理行业的政策性展业阶段从1999年四大金融资产管理公司成立开始，到2006年基本将四大国有银行政策性剥离的不良资产处置完毕，完成财政部政策性不良资产回收考核目标任务为止。这一阶段的主要特征是不良资产业务开展由政府主导，包括：（1）在收购来源方面，四大金融资产管理公司与四大行一一对应，向对口四大行收购不良资产；（2）在收购价格方面，资产收购价格按账面价值计算；（3）在资金来源方面，收购资金由人民银行以再贷款方式提供或以向原剥离银行发行特定债券方式解决；（4）在绩效考核方面，四大金融资产管理公司根据财政部确定的绩效考评标准管理及处置不良资产，财政部按照回收金额的一定比例给予绩效激励，如有亏损，财政部提出处理建议并报国务院批准。

（一）四大金融资产管理公司成立

1995年6月，中国人民银行召开全国银行业经营管理工作会议，提出四大国有商业银行降低不良贷款率的目标，并开始清查各家银行不良贷款底数，改进不良贷款质量划分标准。1997年亚洲金融危机对我国经济造成了较大冲击。在外有金融危机、内有商业银行不良贷款高企的背景下，我国借鉴国际经验，对设立资产管理公司化解金融风险进行研究论证。

为应对亚洲金融危机、化解金融风险、促进国有银行和国有企业改革发展，1999年，国务院办公厅转发人民银行、财政部、证监会《关于组建中国信达资产管理公司的意见》（国办发〔1999〕33号）和《关于组建中国华融资产管理公司、中国长城资产管理公司和中国东方资产管理公司的意见》（国办发〔1999〕66号），批准成立中国信达资产管理公司、中国东方资产管理公司、中国长城资产管理公司、中国华融资产管理公司四家金融资产管理公司。到2000年底，四大金融资产管理公司基本完成了机构设置和人员招聘。

为了规范金融资产管理公司的活动，依法处理国有银行不良贷款，促进国有银行和国有企业的改革和发展，国务院于2000年11月公布《金融资产管理公司条例》。《条例》规定金融资产管理公司以最大限度保全资产、减少损失为主要经营目标，由人民银行、财政部和证监会依据各自的法定职责实施监督管理，并对金融资产管理公司的设立和业务范围、收购不良贷款的范围、额度及资金来源、债权转股权、经营和管理、终止和清算等事项进行了规范。在业务范围方面，《条例》规定，金融资产管理公司在其收购的国有银行不良贷款范围内，管理和处置因收购国有银行不良贷款形成的资产时，可以从事下列业务活动：（1）追偿债务；（2）对所收购的不良贷款形成的资产进行租赁或者以其他形式转让、重组；（3）债权转股权，并对企业阶段性持股；（4）资产管理范围内公司的上市推荐及债券、股票承销；（5）发行金融债券，向金融机构借款；（6）财务及法律咨询，资产及项目评估；（7）中国人民银行、中国证券监督管理委员会批准的其他业务活动。此外，金融资产管理公司可以向中国人民银行申请再贷款。随着行业发展，金融资产管理公司的上述业务范围也在不断发生变化，例如不再包括债券、股票承销，增加了经批准的资产证券化业务、金融机构托管和关闭清算业务等。

（二）政策性展业情况

《金融资产管理公司条例》印发后，一系列支持金融资产管理公司收购处置不良资产的政策相继出台，包括财政部、国家税务总局《关于中国信达等4家金融资产管理公司税收政策问题的通知》（财税〔2001〕10号）、最高人民法院《关于审理涉及金融资产管理公司收购、管理、处置国有银行不良贷款形成的资产的案件适用法律若干问题的规定》（法释〔2001〕12号）[①]等。在各项政策指导下，四大金融资产管理公司接受四大行第一次政策性剥离不良贷款的工作持续至2001年。同时，四大金融资产管理公司还根据中国人民银行、国家经济贸易委员会《关于实施债权转股权若干问题的意见》（国经贸产业〔1999〕727号）等政策，对一部分具有良好发展和盈利前景但暂时陷入财务或经营困难的国有大中型企业实行不良债权资产转股

---

① 根据《最高人民法院关于废止部分司法解释及相关规范性文件的决定》（法释〔2020〕16号），该司法解释自2021年1月1日起废止。

权，帮助其优化资产负债结构，减轻其债务负担。

在四大国有商业银行第一次政策性剥离不良贷款过程中，四大金融资产管理公司以账面价格共收购了中国建设银行（含转入国家开发银行部分）、中国工商银行、中国银行和中国农业银行的1.4万亿元不良资产，其中包括601家国有企业共4050亿元的转股资产。2001年末，四大行不良贷款余额和不良贷款率首次出现双降。四大金融资产管理公司收购不良贷款的资金来源包括：（1）财政部对四大金融资产管理公司核拨的资本金（400亿元）；（2）划转中国人民银行发放给四大国有商业银行的部分再贷款（5700亿元）；（3）四大金融资产管理公司向对应的四大国有商业银行发行的金融债（8200亿元）。

2003年4月，原银监会成立，履行原由中国人民银行履行的审批和监督管理银行、金融资产管理公司、信托投资公司及其他存款类金融机构等的职责及相关职责[1]。中国人民银行作为我国的中央银行，在国务院领导下，制定和执行货币政策，防范和化解金融风险，维护金融稳定[2]。

2006年，随着四大金融资产管理公司陆续完成财政部政策性不良资产回收考核目标任务，四大金融资产管理公司成立之初接收的政策性不良资产基本处置完毕，政策性业务时期进入尾声。经过政策性剥离不良贷款，四大国有银行大幅压降了不良贷款余额和不良贷款率，并先后完成了股改、上市的工作。

---

[1] 参见《全国人民代表大会常务委员会关于中国银行业监督管理委员会履行原由中国人民银行履行的监督管理职责的决定》。

[2] 参见《中华人民共和国中国人民银行法》。

表2-1　四大金融资产管理公司资产处置情况（截至2006年一季度末）

四大金融资产管理公司	购入贷款原值（亿元）	累计处置（亿元）	阶段处置进度（%）	现金回收率（%）	资产回收率（%）
信达资产	3196	2068	64.7	31.6	34.5
华融资产	3520	2468	70.1	22.2	26.5
东方资产	2530	1420	56.1	23.1	27.2
长城资产	3380	2708	80.1	10.3	12.7
合计	12626	8663	68.6	20.8	24.2

数据来源：原银监会

表2-2　四大国有商业银行股改上市情况

银行	建行	中行	工行	农行
股改时间	2004年9月	2004年8月	2005年10月	2009年1月
H股上市时间	2005年10月	2006年6月	2006年10月	2010年7月
A股上市时间	2007年9月	2006年7月	2006年10月	2010年7月

数据来源：四大国有商业银行历年年报

在这一阶段，瑞银集团、花旗集团、高盛集团、摩根士丹利、摩根大通等外资机构也参与到中国不良资产管理市场中。对此，我国相应出台了《金融资产管理公司吸收外资参与资产重组与处置的暂行规定》（对外贸易经济合作部、财政部、中国人民银行令〔2001〕6号）、《关于规范境内金融机构对外转让不良债权备案管理的通知》（发改外资〔2007〕254号）等制度性文件进行规范。

二、市场化转型阶段（2007—2012年）

政策性不良资产处置任务基本完成后，我国不良资产管理行业步入市场化转型阶段。这一阶段的主要特征是市场主体探索转型，包括：（1）在收购来源方面，四大金融资产管理公司从对口四大行收购不良资产拓展到向股份制商业银行、城商行等各类金融机构收购不良资产；（2）在收购价格方面，一定程度上实现市场化竞价方式确定资产收购价格；（3）在资金来源方面，逐步采用商业化融资方式；（4）在绩效考核方面，政策性业务与商业化业务分账管理，其中，政策性业务重点考核现金回收率和费用率，防止出现片面追求处置进度忽视回收价值最大化、为处置而处置的现象，商业化业务则自负盈亏，实行资本利润率考核；（5）在业务范围方面，四大金融资产管理公司通过托管问题金融机构拓展多元化和市场化业务，逐步实现综合化经营。

（一）市场化转型的背景

2006年，政策性不良资产处置任务基本完成，不良资产处置工作取得阶段性成果，但由于金融资产管理公司运行机制方面还存在诸多问题，不良资产剥离、收购、处置和管理过程中国有资产是否流失、主要功能是否得到有效发挥等问题争议较多。一是金融风险未得到真正化解。主要观点认为，四大金融资产管理公司收购不良贷款的资金来源包括划转中国人民银行发放给国有独资商业银行的部分再贷款和向商业银行发行金融债券，实质上是将商业银行的不良贷款通过剥离转化为人民银行的不良再贷款和商业银行的不良债券，金融风险问题并未得到真正化解。二是政策性导向与市场化经营目标存在矛盾。四大金融资产管理公司被定位为政策性金融机构，不良资产的收购以政策性收购为主，即使当时有某种意义上的市场化竞争收购，四大金融资产管理公司与商业银行的交易仍然属于非完全市场化行为。而管理和处置不良资产时需按照市场化原则进行运作，这使得四大金融资产管理公司时常在政策性和市场化之间进退两难，难以真正实现市场化运作。

事实上，早在2003年，国务院和有关部委就已开始关注我国不良资产管理行业的改革与发展问题。中国人民银行对四大金融资产管理公司进行调查，并向国务院报送"金融情况专报"；财政部在广泛征求四大金融资产管理公司和有关部门意见的基础上，向国务院报送《关于金融资产管理公司改革与发展问题的请示》。2003年10月，党的十六届三中全会提出"完善金融资产管理公司运行机制"[①]，肯定了四大金融资产管理公司的商业化发展方向。

2004年4月，财政部下发《财政部关于印发金融资产管理公司有关业务风险管理办法的通知》（财金〔2004〕40号），对四大金融资产管理公司的投资业务、委托代理业务、商业化收购业务进行规范，为四大金融资产管理公司商业化转型打下了基础[②]。2004年，财政部对四大金融资产管理公司实行目标考核责任制，并明确了四大金融资产管理公司完成政策性任务后进行商业化转型的方向。

2006年，财政部、原银监会等部门印发《关于金融资产管理公

---

① 参见《中共中央关于完善社会主义市场经济体制若干问题的决定》。
② 其中，《金融资产管理公司商业化收购业务风险管理办法》规定，商业化收购业务是指四大金融资产管理公司根据市场原则购买出让方的资产，并对所收购的资产进行管理和处置，最终实现现金回收的业务。

司改革发展的意见》，确定了金融资产管理公司向现代金融服务企业转型的相关事项。四大金融资产管理公司在前期探索的基础上，进一步研究符合自身实际的商业化转型路径。

（二）市场化转型情况

2004年至2005年，四大金融资产管理公司通过竞标方式收购了中国工商银行、中国银行、中国建设银行在股改过程中第二次剥离的不良贷款，同时接受财政部的委托对其进行处置。第二次剥离采取了公开招标、报价竞标等更为市场化的方式，这是四大金融资产管理公司商业化转型的萌芽。不过，尽管当时四大金融资产管理公司竞标按市价收购国有商业银行上市前剥离的不良贷款，但收购资金仍向中国人民银行借款筹集。

2005年以后，四大金融资产管理公司开始探索按照商业化原则收购不良资产，市场供给主要来自股份制商业银行和城商行，资金来源也更加多样。2005年，信达资产通过商业化融资方式收购上海银行原值人民币30亿元不良贷款，成为第一家以商业化的方式收购不良资产并募集资金的金融资产管理公司。此后，四大金融资产管理公司进一步向股份制商业银行和城商行拓展不良资产业务。

2006年末起，四大金融资产管理公司根据财政部要求，对商业化收购业务实行分账管理，并不断拓展收购范围，逐步开始收购城市信用社、农信社、农商行、信托公司、金融租赁公司等金融机构不良资产。

根据国务院对金融资产管理公司"一司一策"的改革原则和"突出主业、多元发展"的总体要求，四大金融资产管理公司设计了不同的商业化转型路径。"一司一策"的本质是实现差异化转型发展模式，用差异化发展完善金融市场体系，避免同质化的恶性竞争，充分满足社会多样化的需求，是金融资产管理公司转型发展的必由之路。四大金融资产管理公司结合各自实际情况和特点，搭建了各有侧重的业务平台，呈现出差异化的竞争态势。

在商业化转型阶段，四大金融资产管理公司也对出现财务和经营问题的金融机构进行托管、清算和重组，并搭建涵盖证券、期货、信托、租赁、基金管理、保险等业务的综合性金融服务平台，初步形成了综合金融服务集团架构，为后续的全面商业化打下了基础。多元化、综合化经营既是四大金融资产管理公司自身商业化转型和托管问题金融机构的结果，也是我国金融体系改革不断深化的体现。随着股份制改革陆续启动，四大金融资产管理公司开始向全面商业化时期迈进。与此同时，不良资产管理行业的新兴力量即将登上历史舞台。

三、全面市场化阶段（2013年至今）

经过多年的市场化转型，我国不良资产管理行业进入了全面市场化阶段。这一阶段的主要特征是四大金融资产管理公司经营管理全面商业化、地方资产管理公司参与化解风险、行业进一步发展壮大并走向规范，主要包括：（1）在收购来源方面，资产管理公司开始规模化收购非金融企业的不良债权资产；（2）在收购价格方面，充分通过市场化竞价方式确定资产价格；（3）在资金来源方面，融资渠道进一步多元化；（4）在经营机制方面，四大金融资产管理公司完成股改、引战，信达资产、华融资产实现上市，以开展商业化业务为主，经营管理更加市场化；（5）在市场主体方面，第五家全国性金融资产管理公司银河资产开业，地方资产管理公司相继成立并有力化解区域金融风险，金融资产投资公司以市场化债转股实施机构的身份参与不良资产市场；（6）在监管政策方面，各项政策制度陆续出台，推动行业发展进一步走向规范。

（一）四大金融资产管理公司全面商业化

2014年，原银监会、财政部、人民银行、证监会、原保监会联合印发《金融资产管理公司监管办法》（银监发〔2014〕41号），加强对商业化转型后的金融资产管理公司的监管，规范其经营行为。为适应经济发展、市场形势和监管政策要求，四大金融资产管理公司将原政策性业务时期承担的"化解金融风险、帮助国企脱困、支持银行改革"三大功能调整为"化解金融风险、维护金融稳定、服务实体经济"新三大功能。具体而言，四大金融资产管理公司通过股改、引战、上市推动体制机制市场化，通过拓展不良资产业务模式等方式推动业务多元化。

1. 股改

信达资产于2008年启动股份制改革，于2009年6月30日对政策性业务和商业化业务进行独立评估，并于2010年6月29日更名为中国信达资产管理股份有限公司，承继中国信达资产管理公司的资产、机构、业务、人员和相关政策。中国信达资产管理股份有限公司由财政部独家发起，注册资本变更为251.56亿元。

华融资产于2012年完成股改。在承继中国华融资产管理公司的资产、机构、业务、人员和相关政策的基础上，由财政部、中国人寿于2012年9月28日发起设立中国华融资产管理股份有限公司，注册资本变更为258.36亿元。

东方资产于2016年完成股改。名称由"中国东方资产管理公司"变更为"中国东方资产管理股份有限公司"，由财政部和全国社会保障基金理事会共同发起，注册资本变更为553.63亿元。

长城资产于2016年完成股改。在承继中国长城资产管理公司的资产、机构、业务、人员和相关政策的基础上，由财政部、全国社会保障基金理事会和中国人寿保险（集团）公司于2016年12月11日发起设立中国长城资产管理股份有限公司，注册资本变更为431.50亿元。

2. 引战

2012年，信达资产引入全国社会保障基金理事会、瑞银集团（UBSAG）、中信资本控股有限公司（简称"中信资本"，通过其全资附属机构中信资本金融控股有限公司持股）、渣打银行（Standard Charted Bank，通过其全资附属机构Standard Chartered Financial Holdings持股）四家战略投资者。四家战略投资者共投入资金103.7亿元，持有信达资产增资后总股本的16.54%。本次引战增资后，信达资产注册资本变更为301.40亿元。

2014年，华融资产引入美国华平投资集团（Warburg Pincus Financial International Ltd）、中粮集团（香港）有限公司、中金公司等7家机构作为战略投资者，并向原股东中国人寿增发股份，注册资本变更为326.96亿元。2021年，华融资产引入中国中信集团有限公司等战略投资人，注册资本增至802.47亿元，有效补充资本，进一步夯实可持续经营的基础。2023年11月，华融资产发布公告，其董事会建议将公司名称变更为"中国中信金融资产管理股份有限公司"（简称"中信金融资产"）。

2017年，东方资产原股东全国社会保障基金理事会增持，并引入中国电信集团有限公司、国新资本有限公司和上海电气集团股份有限公司作为战略投资者，并于2018年完成增资手续，东方资产注册资本变更为682.43亿元。2019年，原银保监会批复同意财政部将持有东方资产的10%股权划转给全国社保基金。

2018年，长城资产原股东全国社会保障基金理事会、中国人寿保险（集团）公司作为战略投资者增资，并引入中国财产再保险股份有限公司、中国大地财产保险股份有限公司作为战略投资者。本次引战增资后，长城资产注册资本变更为512.34亿元。

3. 上市

2013年12月，信达资产在香港联合证券交易所上市，成为国内首家登陆资本市场的金融资产管理公司。2014年1月，信达资产行使超额配售选择权超额配售7978.26万股，发行完毕后注册资本变更为362.57亿元。2016年9月，信达资产在境外非公开发行非累积永续境外优先股，募集资金总额约为人民币213.7亿元。2016年12月，信达资产向中远海运金融控股有限公司配售19.08亿股新H股，配售完成后已发行普通股为381.65亿股。

2015年10月30日，华融资产在香港联合证券交易所主板挂牌上市；2015年11月20日，华融资产超额配股权获联席全球协调人（代表国际承销商）部分行使，涉及6.04亿股超额配发股份，行使完毕后华融资产全球发售发行H股合计63.74亿股。2016年3月11日，华融资产完成工商变更登记，注册资本变更为390.70亿元。

4. 业务多元化

通过上述股改、引战、上市等操作，四大金融资产管理公司进一步实现了经营机制市场化；同时，通过拓展不良资产业务模式、扩大金融业务范围等手段，推动实现业务多元化，朝全面市场化方向迈进。

一方面，不良资产业务模式进一步拓展。四大金融资产管理公司由过去仅对银行不良资产包进行收购处置，扩展到对全社会各种错配资源的重新整合和优化配置；不良资产收购来源由金融机构扩展到非金融机构；处置方式由对外转让扩展到债务重组；资产管理标的由整包扩展到单户。

另一方面，金融业务范围进一步扩大。四大金融资产管理公司通过收购、发起设立、重组金融机构等方式，围绕不良资产主业构建起了多元化的金融服务平台，其中既包括银行、证券等金融牌照平台，又包括评估、投资等辅助性平台，形成综合经营的模式。

但是四大金融资产管理公司在金融业务多元化的过程中也产生了一些风险，部分业务方向逐渐偏离不良资产主业。近年来，监管部门对金融资产管理公司提出逐步退出非主业的要求，四大金融资产管理公司正在剥离与不良资产业务协同性较低的金融业务板块，进一步聚焦不良资产主业。

（二）地方资产管理公司参与化解风险

在四大金融资产管理公司全面商业化的同时，受国内外经济和金融环境影响，我国商业银行不良贷款余额和不良贷款率自2011年四季度起止降反升，呈双升趋势。中国人民银行在2011年首次提出，加强系统性、区域性风险防范，守住不发生区域性系统性风险的底线[1]。此时，不良贷款处置压力增大，超出了银行自身处置能力，不良贷款批量转让成为重要的处置方式。当时四大金融资产管理公司长期垄断了不良贷款一级批发市场，但一方面其杠杆率已接近上限，

---

[1] 参见《2011年第四季度中国货币政策执行报告》。

并且业务多元化发展，资本并没有都用于不良资产业务，导致承接不良资产的能力受限；另一方面由于竞争不充分、四大金融资产管理公司出价过低等原因，商业银行转让不良资产的动力不足。

面对上述情形，为盘活金融企业不良资产，增强抵御风险能力，促进金融支持经济发展，防范国有资产流失，2012年2月，财政部、原银监会印发《金融企业不良资产批量转让管理办法》，规定各省级人民政府原则上可设立或授权一家资产管理或经营公司（即地方资产管理公司），参与本省（区、市）范围内不良资产的批量转让工作，并规定地方资产管理公司购入的不良资产应采取债务重组的方式进行处置，不得对外转让。

2013年11月，原银监会印发《关于地方资产管理公司开展金融企业不良资产批量收购处置业务资质认可条件等有关问题的通知》（银监发〔2013〕45号），在《金融企业不良资产批量转让管理办法》的基础上明确了地方资产管理公司的准入门槛、运作模式等事项，并鼓励民间资本投资入股地方资产管理公司。

2014年7月、11月，原银监会先后公布了2批共10家地方资产管理公司名单，允许它们参与本省（区、市）范围内金融企业不良资产批量转让工作。2016年10月，原银监会办公厅印发《关于适当调整地方资产管理公司有关政策的函》（银监办便函〔2016〕1738号），放宽《金融企业不良资产批量转让管理办法》关于各省级人民政府原则上只可设立一家地方资产管理公司的限制，允许确有意愿的省级人民政府增设一家地方资产管理公司；并放宽《金融企业不良资产批量转让管理办法》关于地方资产管理公司收购的不良资产不得对外转让、只能进行债务重组的限制，允许以债务重组、对外转让等方式处置不良资产，对外转让的受让主体不受地域限制。

(三)监管政策陆续出台

2019年起,原银保监会加大了对金融资产管理公司和地方资产管理公司的监管强度,要求回归主业,做"真不良"业务,并强调地方资产管理公司的区域属性,强化属地管理。

2019年5月,原银保监会发布《关于开展"巩固治乱象成果 促进合规建设"工作的通知》(银保监发〔2019〕23号),从宏观调控政策执行、公司治理、资产质量、不良资产收购业务、固定收益类业务、同业业务等方面对金融资产管理公司提出了要求,重点整治以收购金融或非金融不良资产名义变相提供融资、违规新增办理类信贷等固定收益类业务等,整治力度远超预期,可见监管当局对于资产管理公司回归主业的坚定态度与严格要求。

2019年7月,原银保监会发布《关于加强地方资产管理公司监督管理工作的通知》(银保监办发〔2019〕153号),相对于年初的征求意见稿,删除了地方资产管理公司的定义(包括金融属性)、经营范围(包括区域)、业务支持政策等,要求地方资产管理公司"回归本源、专注主业",提高了监管要求,强调地方资产管理公司的区域属性与防范化解区域金融风险的责任使命。

2021年1月,原银保监会下发《关于开展不良贷款转让试点工作的通知》(银保监办便函〔2021〕26号),允许试点银行(6家国有控股大型银行和12家全国性股份制银行)向试点资产管理公司(全国性金融资产管理公司和符合条件的地方资产管理公司)批量转让个人不良贷款。银行业信贷资产登记流转中心(简称"银登中心")发布不良贷款转让业务规则、公开竞价细则、信息披露细则三项试行制度。

2021年12月,中国人民银行就《地方金融监督管理条例(草案征求意见稿)》公开征求意见。该条例共五章四十条，按照"中央统一规则、地方实施监管，谁审批、谁监管、谁担责"的原则，将地方各类金融业态纳入统一监管框架，强化地方金融风险防范化解和处置。其中规定，地方资产管理公司属于地方金融组织。但由于各方面原因，该条例到目前为止尚未出台。

（四）市场主体持续扩容

监管趋严的同时，外资、持牌机构、民营机构等行业参与者快速增加，竞争加剧。一方面，中美第一阶段经贸协议约定省级资产管理公司牌照对外资开放，外资加速进场。另一方面，银河资产以及数家地方资产管理公司获批，国内持牌资产管理公司数量增加；银行系金融资产投资公司陆续成立、政策支持力度不断加大。不良资产行业竞争将进一步加剧。

2020年1月，中美政府签订第一阶段经贸协议，其中第4.5条"金融资产管理（不良债务）服务"约定，"中国应允许美国金融服务提供者从省辖范围牌照开始申请资产管理公司牌照，使其可直接从中资银行收购不良贷款。中国在授予新增的全国范围牌照时，对中美金融服务提供者一视同仁，包括对上述牌照的授予"。

2019年10月，江西省第二家地方资产管理公司获原银保监会备案，这是自2018年3月以后首家获批的地方资产管理公司。此后，另有7家地方资产管理公司获批。截至2023年三季度末，共有61家地方资产管理公司获批备案，其中1家解散[①]，存续地方资产管理公司

[①] 成立于2015年的吉林省金融资产管理有限公司，于2017年底被二股东吉林省金融控股集团股份有限公司诉请解散，并于2019年初由吉林省高院终审判决解散。

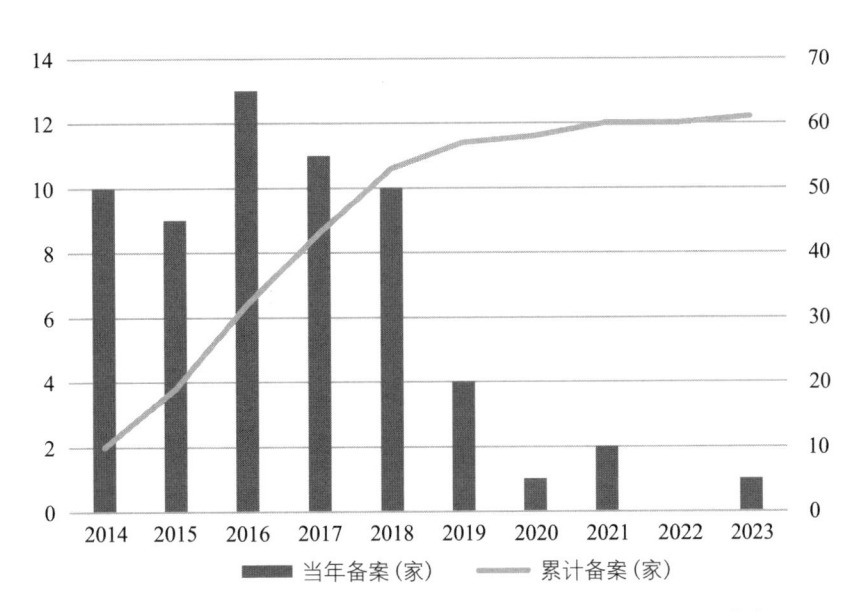

数量达到60家。地方资产管理公司累计备案情况如下图所示。

图2-3 历年地方资产管理公司备案数量（截至2023年三季度末）

数据来源：根据国家金融监督管理总局（原银保监会）公布资料整理

2020年3月，原银保监会发布《关于建投中信资产管理有限责任公司转型为金融资产管理公司的批复》（银保监复〔2020〕107号），同意建投中信资产管理有限责任公司转型为金融资产管理公司并更名为中国银河资产管理有限责任公司（简称"银河资产"）。2020年12月，原银保监会发布《关于中国银河资产管理有限责任公司开业的批复》（银保监复〔2020〕874号），同意银河资产开业。2021年1月，银河资产正式开业，成为第五家全国性金融资产管理公司，注册资本为100亿元人民币，股权结构如下表所示。

表2-3 银河资产股权结构

股东	出资金额（亿元）	持股比例（%）
中国银河金融控股有限责任公司	65.0	65.0
中央汇金投资有限责任公司	13.3	13.3
南京紫金投资集团有限责任公司	10.0	10.0
北京金融街资本运营中心	6.0	6.0
中信证券股份有限公司	5.7	5.7

数据来源：国家企业信用信息公示系统

银河资产的业务范围包括：（1）收购、受托经营金融机构不良资产，对不良资产进行管理、投资和处置；（2）债权转股权，对股权资产进行投资、管理和处置；（3）固定收益类有价证券投资；（4）发行金融债券、同业拆借和向其他金融机构商业融资；（5）破产管理；（6）财务、投资、法律及风险管理咨询和顾问；（7）资产及项目评估；（8）经批准的资产证券化业务、金融机构托管和关闭清算业务；（9）非金融机构不良资产业务；（10）国务院银行业监督管理机构批准的其他业务。

银河资产的经营范围与其他四大金融资产管理公司基本一致，但值得注意的是，四大金融资产管理公司经营范围包括买卖有价证券，而银河资产则为固定收益类有价证券投资。按照业务规划，银河资产在未来将发挥证券业背景的优势，在参与传统不良资产业务外，重点布局资本市场不良业务，打造不同于四大金融资产管理公司的发展之路。

近年来随着全球经济发展速度放缓，全球主要经济体货币政策调整、我国经济增速下行压力加大等环境变化将对我国不良资产管理行业发展带来新的机遇与挑战，提出新的发展命题。随着经济结构调整以及新旧动能转化的深入推进，金融资产管理公司全面商业化、地方资产管理公司参与化解风险、行业监管政策陆续出台、市场主体持续扩容，我国不良资产管理行业也将逐渐从成型走向成熟。

第三节　我国不良资产管理行业发展现状

我国的不良资产管理行业经历了政策性展业阶段、市场化转型阶段，已进入全面市场化阶段，在各阶段均发挥了重要作用，逐步形成一种常态化的制度安排。从行业构成要素角度，本节着重介绍我国不良资产管理行业的主体、客体、市场等具象要素的发展现状，而涉及功能、属性、运行机制等制度安排的相关内容，将在后续章节中详细阐述与讨论。

一、主体

我国不良资产管理行业的主体主要指不良资产行业经营主体，包括不良资产核心管理者（投资商）和不良资产辅助管理者（服务商）两大类。

（一）不良资产核心管理者：投资商

我国不良资产管理行业的投资商（不良资产核心管理者），主要有五大金融资产管理公司、地方资产管理公司、金融资产投资公司、非持牌投资者（民间投资者和国际资产管理机构）等。下文将重点介绍有牌照的五大金融资产管理公司和地方资产管理公司发展情况。

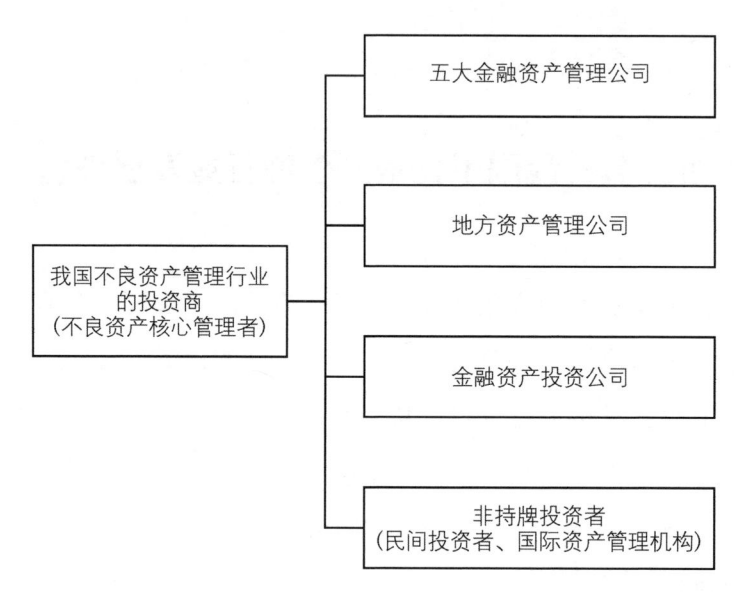

图2-4　我国不良资产管理行业的投资商（不良资产核心管理者）

五大金融资产管理公司除银河资产外，均已有二十余载历史，并逐步发展成为商业化经营的金融控股集团。目前的监管趋势是，要求金融资产管理公司回归主业，聚焦不良资产主业，为化解金融风险、维护金融稳定提供综合金融服务。因此，四大金融资产管理公司的改革方向主要体现在逐渐剥离其他非相关金融产业，更专注不良资产领域。

地方资产管理公司作为我国不良资产管理行业的新兴力量，应当认清自身的优势与劣势，灵活适应外部环境变化，扬长避短、守正出奇，在与五大金融资产管理公司错位发展的基础上探索更加有效的协同方式，在防范化解区域金融风险、支持区域经济发展等领域更好地发挥作用。

金融资产投资公司作为债转股专业机构，已成为市场化、法治化债转股的主力军。为更好发挥服务功能，应进一步加强资本管理，提升内部管理水平，同时进一步拓宽融资渠道，深度参与债转股标的公司治理，规范开展市场化、法治化债转股业务，增强服务实体经济能力。

非持牌投资者主要包括国内民间投资者和国际资产管理机构。民间投资者不持有资产管理公司牌照，但是具有较为深厚的本地资源，与持牌机构形成良好的上下游互动关系。国际资产管理机构是我国不良资产管理行业的重要参与者，为行业带来了成熟的专业管理经验和资金供给。

1. 金融资产管理公司

四大金融资产管理公司在发展过程中，围绕不良资产主业构建起了多元化的金融服务平台，除不良资产经营以外，还拥有银行、保险、券商、期货、信托、金融租赁等金融牌照。但是，金融业务多元化的过程中，四大金融资产管理公司部分业务方向逐渐偏离不良资产主业，产生了一些风险，近年来在监管部门指导下逐步退出非主业，进一步聚焦不良资产主业。

表2-4 四大金融资产管理公司所持金融牌照

金融牌照	信达资产	华融资产	东方资产	长城资产
银行	南洋商业银行	—*	大连银行	长城华西银行
保险	—	—	中华联合保险	长生人寿保险*
证券	信达证券	—*	东兴证券	长城国瑞证券
期货	信达期货	—*	东兴期货	—
信托	金谷信托	—*	大业信托	长城新盛信托
金融租赁	信达金融租赁	华融金融租赁	—	长城国兴租赁

*注：根据监管部门对金融资产管理公司逐步退出非主业的要求，四大金融资产管理公司正在有序推进相关金融牌照子公司股权转让工作。2021年4月，长城资产于上海联合产权交易所发布长生人寿保险股权转让信息，后因资质审查过程中出现影响产权交易的事项而中止；2022年，华融资产已完成对华融证券、华融湘江银行、华融信托的股权转让工作，华融证券子公司华融期货的牌照也相应转让。

资料来源：四大金融资产管理公司官网、年度报告

2021年1月，第五家全国性金融资产管理公司——中国银河资产管理有限责任公司正式开业，在参与传统不良资产业务外，重点布局资本市场不良业务，同样体现了坚守不良资产主业的要求。

近年来，四大金融资产管理公司经营情况波动较大。华融资产因相关风险事件，自2018年起总资产呈下降趋势，净利润持续处于低位，2020年甚至亏损超1000亿元，2021年恢复盈利后，2022年再次出现亏损，目前在监管指导下持续剥离非主业金融牌照，并通过引入战略投资者以渡过难关；长城资产自2017年以来总资产长期保持在6000亿元左右，净利润与华融资产基本维持在同一水平，2021年亏损额约为80亿元，截至2023年9月末仍未披露2022年度报告；信达资产与东方资产表现相对较好，但自2017年以来也出现资产增

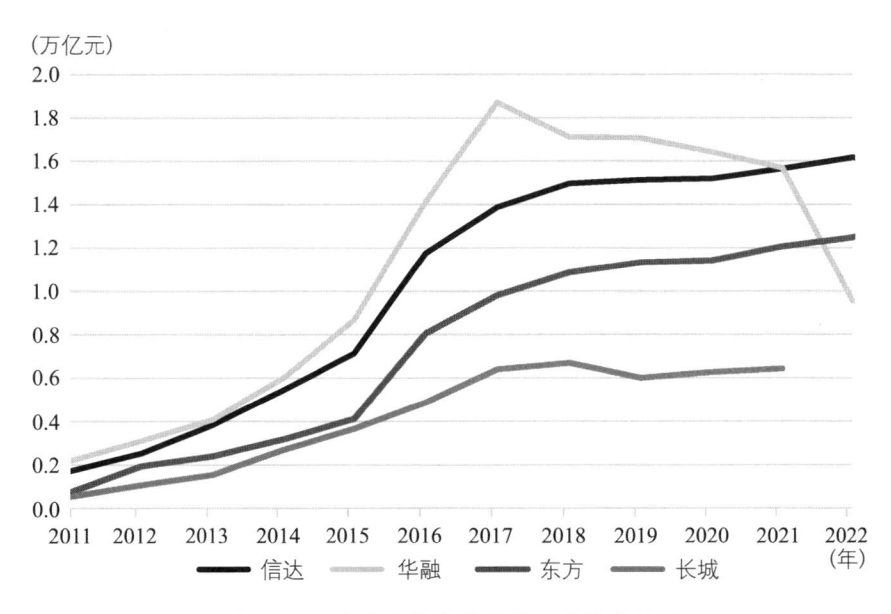

第二章 / 我国不良资产管理行业发展的历史回顾、现状及特征

图2-5 四大金融资产管理公司总资产情况

数据来源：四大金融资产管理公司官网、年度报告

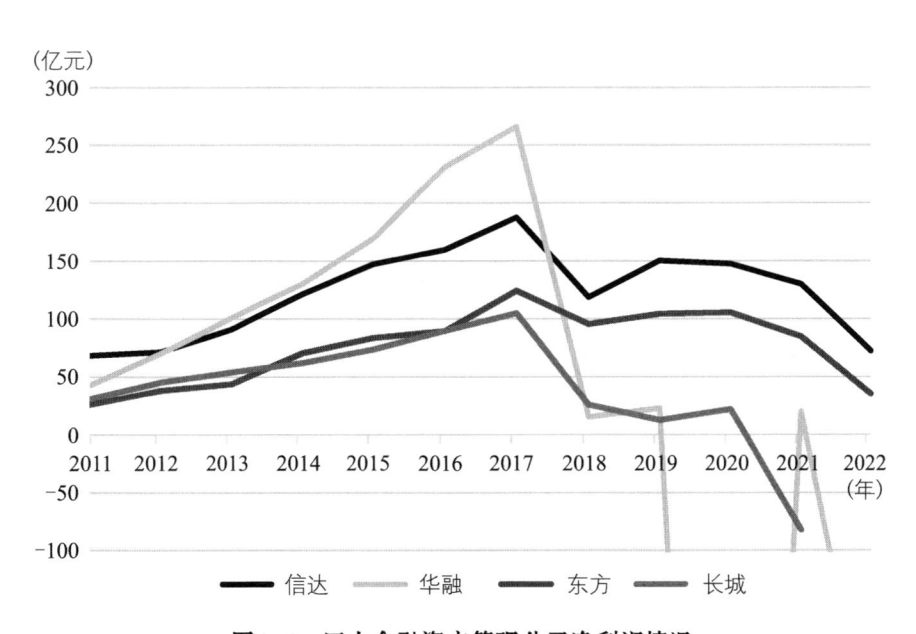

图2-6 四大金融资产管理公司净利润情况

数据来源：四大金融资产管理公司官网、年度报告

速放缓和净利润下降的趋势。中国银河资产则因开展不良资产业务时间较短，暂未披露财务数据。

2. 地方资产管理公司

地方资产管理公司源于《金融企业不良资产批量转让管理办法》中允许各省级人民政府原则上设立或授权一家资产管理或经营公司的相关规定，并在后续相关政策文件[①]的规范下逐渐发展。截至2023年三季度末，其数量已从2014年的首批5家扩展至60家，名单具体如下：

表2-5 地方资产管理公司名单

序号	公司名称
1	北京市国通资产管理有限责任公司
2	北京资产管理有限公司
3	天津津融资产管理有限公司
4	天津滨海正信资产管理有限公司
5	河北省资产管理有限公司
6	华融晋商资产管理股份有限公司
7	晋阳资产管理股份有限公司
8	内蒙古金融资产管理有限公司
9	内蒙古庆源绿色金融资产管理有限公司
10	辽宁资产管理有限公司
11	辽宁富安金融资产管理有限公司

---

① 其他主要政策文件还包括原银监会《关于地方资产管理公司开展金融企业不良资产批量收购处置业务资质认可条件等有关问题的通知》、原银监会办公厅《关于适当调整地方资产管理公司有关政策的函》、原银监会办公厅《关于加强地方资产管理公司监督管理工作的通知》等。

续表

序号	公司名称
12	大连国新资产管理有限责任公司
13	吉林省盛融资产管理有限责任公司
14	黑龙江省嘉实龙昇金融资产管理有限公司
15	黑龙江国瑞金融资产管理有限公司
16	上海国有资产经营有限公司
17	上海睿银盛嘉资产管理有限公司
18	江苏资产管理有限公司
19	苏州资产管理有限公司
20	浙江省浙商资产管理股份有限公司
21	光大金瓯资产管理有限公司
22	宁波金融资产管理股份有限公司
23	安徽国厚金融资产管理有限公司
24	安徽省中安金融资产管理股份有限公司
25	福建闽投资产管理有限公司
26	厦门资产管理有限公司
27	兴业资产管理有限公司
28	江西省金融资产管理股份有限公司
29	江西瑞京金融资产管理有限公司
30	山东省金融资产管理股份有限公司
31	中信青岛资产管理有限公司
32	泰合资产管理有限公司
33	中原资产管理有限公司
34	河南资产管理有限公司
35	湖北省资产管理有限公司

续表

序号	公司名称
36	湖北天乾资产管理有限公司
37	湖南省财信资产管理有限公司
38	长沙湘江资产管理有限公司
39	广东粤财资产管理有限公司
40	广州资产管理有限公司
41	深圳市招商平安资产管理有限责任公司
42	广西金控资产管理有限公司
43	广西联合资产管理股份有限公司
44	海南新创建资产管理股份有限公司
45	海南联合资产管理有限公司
46	华润渝康资产管理有限公司
47	重庆富城资产管理有限公司
48	四川发展资产管理有限公司
49	成都益航资产管理有限公司
50	贵州省资产管理股份有限公司
51	云南省资产管理有限公司
52	陕西金融资产管理股份有限公司
53	海德资产管理有限公司
54	甘肃资产管理有限公司
55	甘肃长达金融资产管理股份有限公司
56	昆朋资产管理股份有限公司
57	宁夏顺亿资产管理有限公司
58	宁夏金融资产管理有限公司

续表

序号	公司名称
59	新疆金投资产管理股份有限公司
60	深圳资产管理有限公司*

*注：1. 第五次全国金融工作会议明确，地方资产管理公司等地方金融组织由银保监会制定规则，地方实施监管及风险处置。根据《中国银监会关于地方资产管理公司开展金融企业不良资产批量收购处置业务资质认可条件等有关问题的通知》有关要求，各省（区、市）人民政府设立或授权的地方资产管理公司，必须经银保监会向金融企业公布名单后，方可开展金融企业不良资产的批量收购和处置业务。
2. 2023年8月24日，国家金融监督管理总局办公厅批复同意深圳资产管理有限公司在广东省内开展金融企业不良资产批量收购业务，地方资产管理公司数量增至60家。

资料来源：国家金融监督管理总局（原银保监会）

目前，60家地方资产管理公司覆盖了我国大陆各省级行政区，其分布呈现较为明显的区域特征，东南沿海地区数量相对较多，中西部地区则相对较少。此外，各家地方资产管理公司的发展方向和经营状况也出现了较大分化，其中不乏深度参与高风险金融机构风险化解处置的公司、省属国企系统战略性金融资产的重要持股公司、发挥全省停缓建工程处置平台作用的公司等。

表2-6 各省级行政区地方资产管理公司数量

省级行政区	地方资产管理公司数量（家）
广东	4
浙江	3
山东	3
福建	3
辽宁	3
四川	2

续表

省级行政区	地方资产管理公司数量（家）
宁夏	2
广西	2
江苏	2
河南	2
上海	2
安徽	2
内蒙古	2
重庆	2
山西	2
湖南	2
湖北	2
天津	2
江西	2
甘肃	2
北京	2
海南	2
黑龙江	2
西藏	1
陕西	1
河北	1
云南	1
贵州	1
吉林	1

续表

省级行政区	地方资产管理公司数量（家）
青海	1
新疆	1
合计	60

其他差异还体现在历史沿革、公司规模、资本结构、股东背景等诸多方面。地方资产管理公司获备案批复后经营不良资产主业的时间短则半年、长则10年，更有已成立20多年的公司；注册资本仅10亿元的有十余家，也有十余家注册资本在50亿元甚至100亿元以上；资产负债率高至近90%，低至不到40%；有省属国企控股公司，有央企参股公司，也有民营资本、外资控制的公司等。

总体而言，随着银行不良贷款规模攀升、地方债务逐渐增加，地方资产管理公司快速发展，走出了差异化发展路径，不过各家公

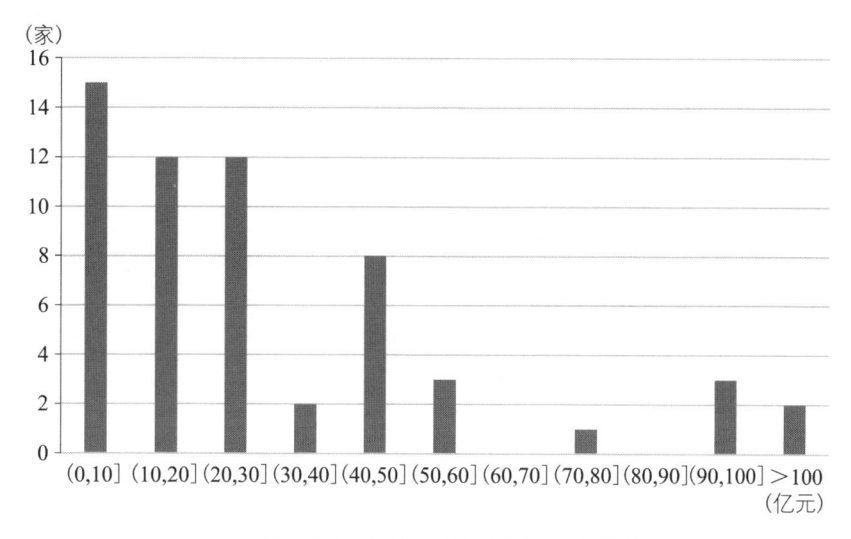

图2-7 地方资产管理公司注册资本分布

数据来源：国家企业信用信息公示系统

司在防范化解区域风险、服务实体经济方面的战略使命是一致的。《中国银保监会办公厅关于加强地方资产管理公司监督管理工作的通知》指出，地方资产管理公司在处置不良资产、盘活存量资产、防范和化解金融风险、支持实体经济发展等方面发挥了积极作用。

（二）不良资产辅助管理者：服务商

辅助管理者是指围绕不良资产产业链上下游提供多种管理服务的服务商，是不良资产行业重要的支持性机构。随着不良资产市场边界的扩张、投资人需求的多样化、金融风险的复杂化，市场对辅助管理者的能力要求也更加多元化，原先简单的尽调支持、外部评估等常规需求已经难以满足市场需求。未来不良资产投资机构将越来越依赖辅助管理者的提供能力，以应对越加复杂的市场环境。辅助管理者除了要发挥自身在法律、评估等常规职能的专业能力之外，还需要深度介入交易，熟悉不良资产相关地区的发展规划、司法环境、土地市场、社会资本，以及不良资产相关行业的发展前景、市

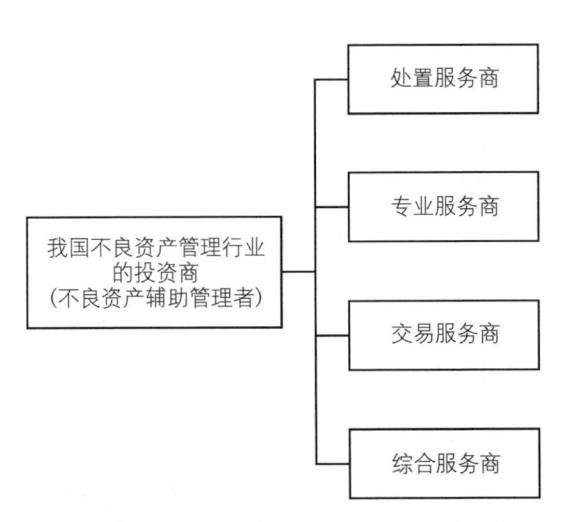

图2-8 我国不良资产管理行业的服务商（不良资产辅助管理者）

场容量、市场主体等。

除了一般咨询服务能力以外，辅助管理者（服务商）需要具有资源整合能力等投资银行相关能力，为不良资产投资商提供资金以外的大部分能力。按照能力维度，可以将不良资产辅助管理者（服务商）分为处置服务商、专业服务商、交易服务商和综合服务商。

1. 处置服务商

处置服务商是指为不良资产的持有者或投资者提供债权转让、诉讼追偿、企业重组、市场化债转股、破产重整、破产清算和资产证券化等不良资产处置服务的机构，包括非持牌资产管理公司、咨询公司、中介机构等。处置服务商一般不出资收购资产，只提供各类服务，不享有资本增值的回报，不承担资本亏损的风险。在业务实践中，投资人往往希望服务商以跟投的方式，或收取较低基本管理费用、较高比例提成和超额分成的方式进行利益绑定，共担风险。从服务范围看，部分处置服务商提供全方位的处置服务，部分处置服务商专精于某一领域的处置服务。处置服务商成员往往来自银行、资产管理公司、律所、评估机构、房产交易机构等，他们不仅拥有广泛的社会资源，也善于使用资本运作手段，与相关金融机构及不良资产生态圈的其他参与者具有良好的沟通协调能力，具备较强的资源整合技巧、项目终端处置能力和不良资产营销技巧。

2. 专业服务商

专业服务商是指律师事务所、会计师事务所、资产评估公司等提供专业服务的中介机构。由于不良资产存在区域性强、产业链长、专业化程度高、清收处置难等特点，导致行业具有一定进入门槛，对从业人员的专业技能、知识储备、业务经验均提出了较高的要求。

然而，因为不良资产行业的复杂性，能真正了解和掌握不良资产业务"全套功夫"的从业人员数量较少，尤其是法律、会计、评估等方面复合型专业人才的缺乏，导致商业银行和资产管理公司在不良资产处置中需要借助专业服务商的力量。律师事务所专注于法律服务（包括诉讼和非诉讼服务）的全流程跟踪，一般提供法律尽职调查、不良资产收购法律服务、不良资产处置法律服务、破产重整投资法律服务、围绕投资主体提供其他法律服务等。会计师事务所擅长会计、审计、税务等工作，一般提供债务重组解决方案、破产解决方案、企业重组咨询等服务。资产评估公司一般以独立第三方身份提供不良资产价值评估服务。

3. 交易服务商

交易服务商是指提供资产标的信息发布、交易撮合等服务，有独立交易系统和结算系统以保障交易稳定性和安全性的第三方交易平台。交易服务商可以分为三大类别：实体拍卖行、官方指定平台、非官方平台。传统的实体拍卖行以现场拍卖的形式进行不良资产拍卖，不过形式上已逐渐被在线拍卖所取代。官方指定平台主要是银行业信贷资产登记流转中心、各区域性金融资产交易所、最高人民法院指定的网络交易平台（淘宝网、京东网、人民法院诉讼资产网、公拍网、中国拍卖行业协会网、中国工商银行融e购和北京产权交易所）。非官方平台的代表如"360拍""点金人""洪力拍卖"等，一般借助拍卖牌照，以市场化方式提供不良资产在线交易服务。

4. 综合服务商

综合服务商是指为不良资产投资商提供从端到端的收购处置全程服务的机构，是服务商各种能力高效聚合的产物。不同于处置服务商、专业服务商以及交易服务商，综合服务商不仅能够提供专业的咨询、尽调、管理、处置、评估、法务、平台交易等全面的不良资产服务，同时能够整合其他服务商作为其服务能力的有力支撑。由于综合服务商概念的形成时间较短，现阶段综合服务商的业务范围和业务能力水平参差不齐。从目前业内情况来看，大部分综合服务商所开展的业务是从投资商的轻资产业务发展而来，相关主体在自身具备了不良资产管理的全流程经验后，通过输出承揽能力、项目质控能力、投后管理能力等，充分利用自身的人才、资源和技术优势，提供可批量化可复制的标准化不良资产综合服务。

二、客体

我国不良资产管理行业的客体是指各类不良资产。根据持有主体、权益形态、变现能力等维度，各类不良资产有不同分类。

（一）按照持有主体分类

按照持有主体分类，不良资产可分为金融不良资产和非金不良资产两大类，其中金融不良资产又分为银行不良资产与非银金融不良资产两类。

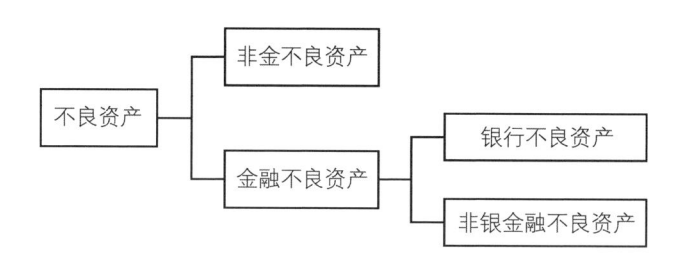

图 2-9　不良资产按照持有主体分类

银行不良资产的最新定义来自《商业银行金融资产风险分类办法》(银保监会、人民银行令〔2023〕第1号)[①]：商业银行应对表内承担信用风险的金融资产进行风险分类，包括但不限于贷款、债券和其他投资、同业资产、应收款项等，金融资产按照风险程度分为五类，分别为正常类、关注类、次级类、可疑类、损失类，后三类合称不良资产，即银行不良资产。事实上，银行不良资产概念的发展经历了一个过程。1998年，人民银行发布《贷款风险分类指导原则》(银发〔1998〕151号)，提出了五级分类概念。2007年，原银监会发布《贷款风险分类指引》(银监发〔2007〕54号)，进一步明确了五级分类监管要求。近年来，我国商业银行金融资产的风险特征发生了较大变化，风险分类实践面临诸多新情况和新问题，《商业银行金融资产风险分类办法》应运而生，拓展了风险分类的资产范围，提出了新的风险分类核心定义，强调以债务人为中心的分类理念，明确把逾期天数作为风险分类的客观指标，细化重组资产的风险分类要求，进一步推动商业银行准确识别风险水平、做实资产风险分类。

非银金融不良资产指信托公司、券商资管、基金子公司、金融租赁公司、财务公司、汽车金融公司、消费金融公司等非银行金融机构开展借贷或租赁等业务而产生的不良资产。

非金不良资产指非金融类机构基于日常生产经营活动或因借贷关系产生的不良资产，其中除了不良债权、股权和实物类资产以外，还包括各类金融机构作为中间人委托管理其他法人或自然人财产形

[①] 商业银行自2023年7月1日起新发生的业务应按该办法要求进行分类。对于2023年7月1日前发生的业务，商业银行应制订重新分类计划，并于2025年12月31日前，按季度有计划、分步骤对所有存量业务全部按该办法要求进行重新分类。

成的不良资产。非金不良资产的具体表现形式是企业之间形成的不良商业债权，如拖欠的各种货款、工程款等。

（二）按照权益形态分类

资产的权益形态指资产价值的外在表现形式，是一个比较抽象的概念。目前学术界和实务界对于资产在价值形态维度的划分并没有统一的标准，不良资产也是如此。在权益形态维度，本书从通用视角（债权、股权、实物）和资产评估视角（不动产、动产、无形资产、其他经济权益）两种视角对不良资产进行分类。

1. 通用视角

目前较为普遍的做法是将不良资产从价值形态上分为债权类不良资产、股权类不良资产、实物类不良资产三大类。当然，除了上

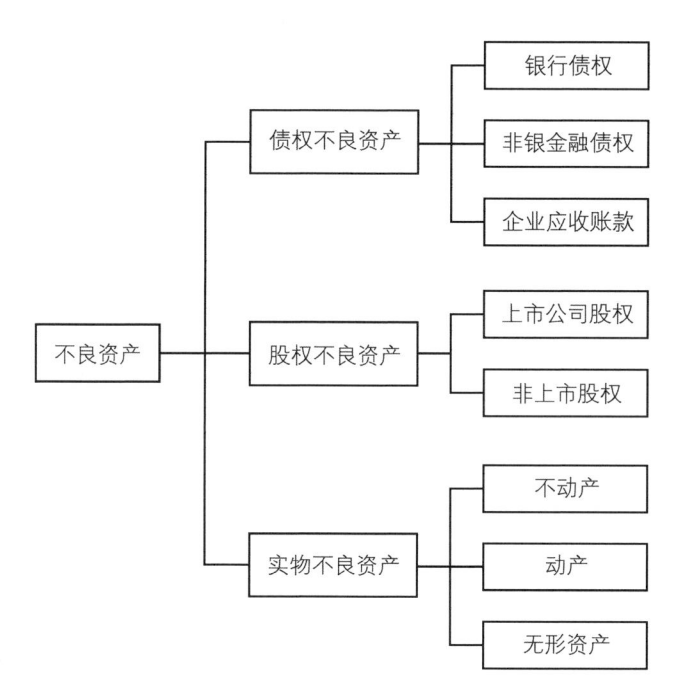

图2-10 不良资产按照权益形态分类（通用视角）

述三类之外还有其他特殊类型不良资产，这类不良资产占比较小，此处不做具体分析。

第一类：债权类不良资产。债权类不良资产在不良资产市场中有着举足轻重的地位，目前不良资产市场上大部分是债权类不良资产。债权类资产价值的核心在于其抵押物价值或担保人所有的资产价值。从现实情况来看，大部分抵押物是以土地以及各类房产为代表的不动产，因此房地产市场的发展与债权类不良资产价值具有密切的关系。除了土地及房产外，机器设备及汽车等动产也是债权类不良资产的常见抵押物。

第二类：股权类不良资产。股权类不良资产主要指不良债权转换成的股权。企业价值、占股比例直接影响股权类不良资产的价值，资产管理公司需要对企业的资产价值进行评估。在政策性债转股情形下，其价值受政策性因素影响较大。

第三类：实物类不良资产。实物类不良资产主要指以物抵债类资产，成因往往是借款人无力偿还贷款，由法院判定或双方协商，债务人将其具有处分权的财产转让给债权人以抵偿债务。具体而言，实物资产一般包括房地产、机械设备、商品物资等。这类资产较易存在权属不明确、形态不完整、基础资料缺乏等瑕疵，处置难度较大。

上述的分类方法主要是从贷款方的角度出发，即向借款方提供资金的银行等金融机构。实际上，不良资产最初常常以债权类资产的形式存在，因为只有债权债务关系是强制性的，所产生的利息是企业必须支付的。只有当正常的债权债务关系无法维系的时候，不良资产才会转化为其他形式的资产，比如通过处置抵押物、债转股、资产置换形成的实物资产和股权投资等。

2. 资产评估视角

另一种权益形态维度的分类方法来源于资产评估视角，从资产评估视角看资产大类通常被划分为不动产、动产、无形资产和其他经济权益。参照这种分类方法，不良资产也可以依次分为不动产类不良资产、动产类不良资产、无形资产类不良资产和其他经济权益类不良资产。需要注意的是，该分类方法主要从处于困境的企业视角出发来分析。

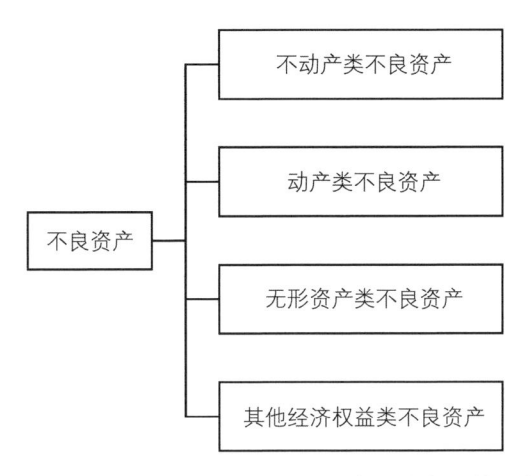

图 2-11 不良资产按照权益形态分类（资产评估视角）

第一类：不动产类不良资产。从不动产本身的定义来看，是指依自然性质或者法律的规定在空间上占有固定位置，移动后会影响其经济价值的物，包括土地、土地定着物、与土地尚未脱离的土地生成物、因自然或者人力添附于土地并且不能分离的其他物。不动产不良资产的产生，往往是企业前期盲目扩张，导致资金链断裂，无法清偿到期债务，进而产生不良资产，相应的抵押物也就成了不良资产。事实上，这类不动产本身无所谓"不良"，只是不良债权的衍生。另外一类或者因未办理完毕或无法办理审批的土地或违章房产，法院无法处置结转，就会形成实物类不良资产。如破产企业之前租赁村集体土地，在租赁的土地上建设房产，房产登记无法正常审批，加上破产企业运营的不规范、市场监管的不到位，导致该类破产企业资产处置难，从而形成不良资产。

第二类：动产类不良资产。从动产的定义来看，是指能脱离原有位置而存在的资产，如各种流动资产、各项长期投资和除不动产以外的各项固定资产（如企业中的原材料、成品、半成品）等。危困企业债务清偿中，一些原材料、半成品因未制成成品，其价值会大打折扣。有些原材料、半成品因为其属性原因，堆积会导致生锈进而贬值更甚，对这些材料的保存又要仓储费用，很多只能采用切割处理，直接导致其价值的较大贬损。

第三类：无形资产类不良资产。除了不动产、动产之外，还有无形资产，这是指没有实物形态的可辨认非货币性资产。无形资产具有广义和狭义之分。广义的无形资产包括金融资产、长期股权投资、专利权、商标权等，因为它们没有物质实体，而是表现为某种法定权利或技术。但是，会计上通常将无形资产作狭义的理解，即将专利权、商标权等称为无形资产。无形资产也存在相当多的不良资产。很多无形资产也是不易变现，比如生产许可证存在有效期的问题，如果不及时处理，就会导致其价值的完全灭失。又如破产企业的商标，会因为企业破产而贬值。不过，企业的专利价值不会因破产而灭失，会一直因有需要该专利的法人或自然人的存在而存在。

第四类：其他经济权益类不良资产。除不动产、动产和无形资产不良资产之外，处于困境企业所持有的其他能产生现金收益或者具有变现价值的资产都可以归到此类。例如金融有价证券、对其他企业的投资或债权等。

(三)按照变现能力分类

一般意义上的资产变现能力指的是资产转化为现金的难易程度，是由交易市场的活跃程度、定价或估值方式的复杂度、交易制度或相关法律规范的完备性等多个客观条件决定的。资产的变现能力也可以解读为资产持有者主观上的变现需求，即持有者根据资产未来所产生的收益和当前的处置价值决定是继续持有还是立即变现。根据处置的迫切性可将资产分为投资类资产、处置类资产、强制变现类资产和损失类资产。

本书认为其中的处置类资产、强制变现类资产和损失类资产实际上都可以归为处置类，因为此时的资产需要通过债转股、债务重组、资产置换、拍卖、破产清算等不良资产处置方式转换为其他类型的资产，提高资产的变现能力。投资类资产是指持有并获取回报的资产，可看成对其采用长期经营的方式进行管理，也称之为经营类资产。因此，本文从主观变现需求角度或者从管理者的管理方式出发，将不良资产分为经营类和处置类这两大类。

第一类：处置类不良资产。该类资产由于提升价值较小，资产管理公司通常会重组各种资产，形成适合市场需求的资产组合，通过自主清收、转让等方式完成处置，实现处置收益。实务操作中主要具体方式包括以下四种：(1)自主清收，通过非权益转让方式，以司法、和解、重组等方式进行清收。(2)通过公开拍卖一次性转让债权，债权或收益权转让一次性收取转让款。(3)分期收款权益转让，债权或收益权转让分期收取转让款。(4)不良资产收益权转让，资产管理公司按照所持有的不良资产对应的本金、利息和其他约定款项的权利作为流转标的进行转让，转让后的收益权由受让方继承。

第二类：经营类不良资产。对于经营类不良资产，由于其具有较大的价值提升空间，资产管理公司通过财务重组、资产重组以及改善公司治理等提高资产的长期价值，择机退出获得收益。或者通过债转股以及追加投资等手段对资产进行持有经营，长期经营获得收益，也可以在资产价值得到提升后择机退出从而获得增值收益。

三、市场

如前所述，不良资产管理行业的市场有以下几类含义：一是指不良资产投资商交易不良资产的市场活动，二是指不良资产进行交易的场所。其中，交易场所已在交易服务商部分进行介绍，此处重点介绍不良资产市场交易活动。

我国不良资产交易市场主要分为一级市场和二级市场，已经具备一定的市场深度（如交易规模）和市场广度（如交易主体数量）。一级市场主要指商业银行对外批量转让不良资产的市场，属于特许交易市场，不良资产受让方须为持牌资产管理公司（五大金融资产管理公司及地方资产管理公司）。二级市场主要指持牌资产管理公司对外转让不良资产的市场及不良资产后续交易的市场活动。二级市场对交易主体无特许经营要求，受让方可以是持牌资产管理公司，也可以是非持牌机构或个人。

2022年末，我国商业银行不良贷款余额已达2.98万亿元，同比增加1359亿元；商业银行不良贷款率为1.63%，连续九个季度下降。整体来看，近年来商业银行不良贷款率缓慢下降，而不良贷款余额仍保持着持续上升趋势。除传统银行不良资产外,以信托不良、违约债券、小贷不良、破产重整项目为代表的非银金融、非金等不良资产市场增长较快,逐步显现出多样化特征。随着地方政府债务风险、房地产市场风险、部分中小银行风险进一步暴露,预计不良资产的体量会不断增多,不良资产市场的深度和广度会进一步提升。

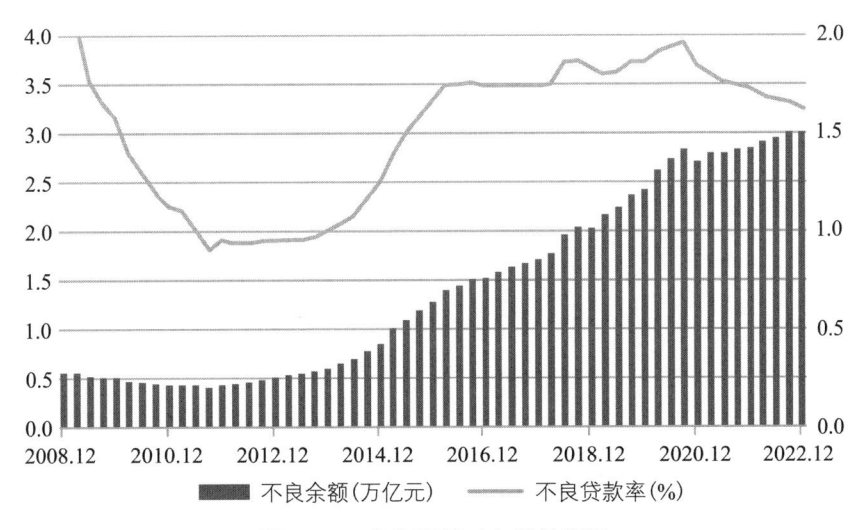

图2-12 商业银行不良贷款情况

数据来源:国家金融监督管理总局(原银保监会)

根据浙商资产研究院掌握的可公开获取市场数据,2019年至2022年我国不良资产一级市场交易规模总体均保持在4000亿元左右,呈现稳定波动态势。对外转让主体由六大国有银行、股份制银行转向以地方中小银行为主,与近年来金融风险暴露特征基本一致。受让主体方面,地方资产管理公司收购占比呈上升趋势,体现地方资产管理公司在防范化解风险中的贡献不断提升。同时,二级市场交易规模则逐步上升至6000亿元左右,非持牌机构收购占比保持在

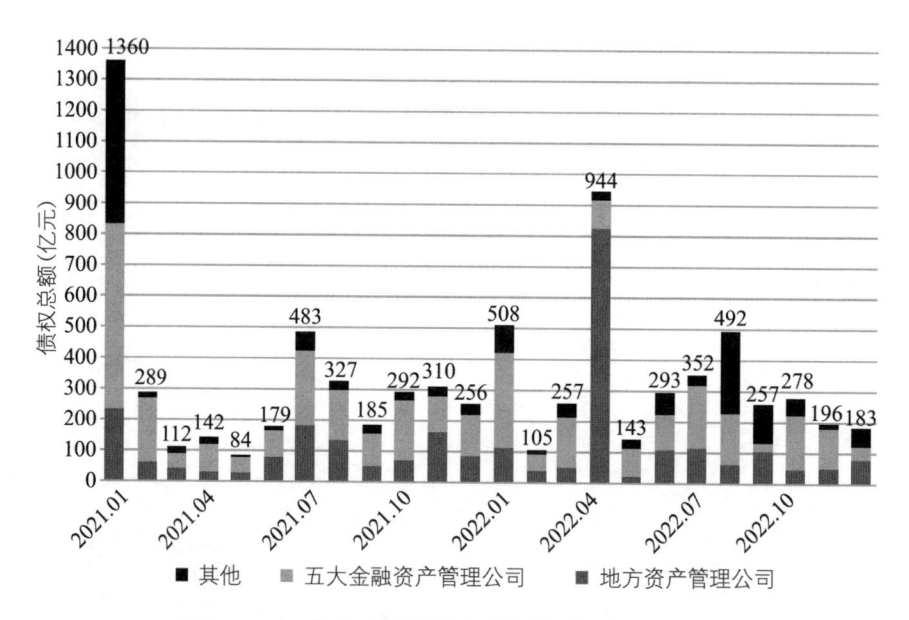

图2-13 一级市场银行转出债权按受让方分类情况

数据来源：浙商资产研究院

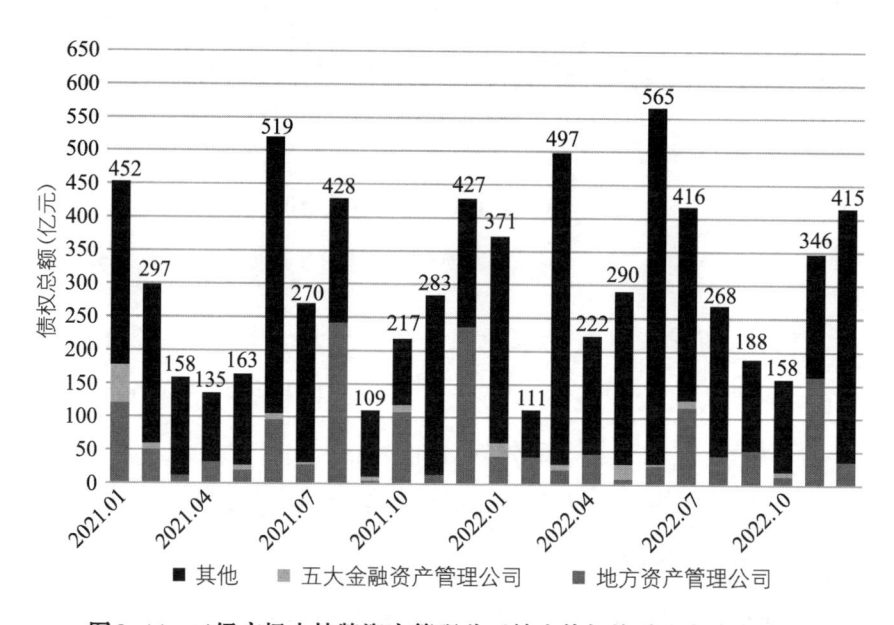

图2-14 二级市场中持牌资产管理公司转出债权按受让方分类情况

数据来源：浙商资产研究院

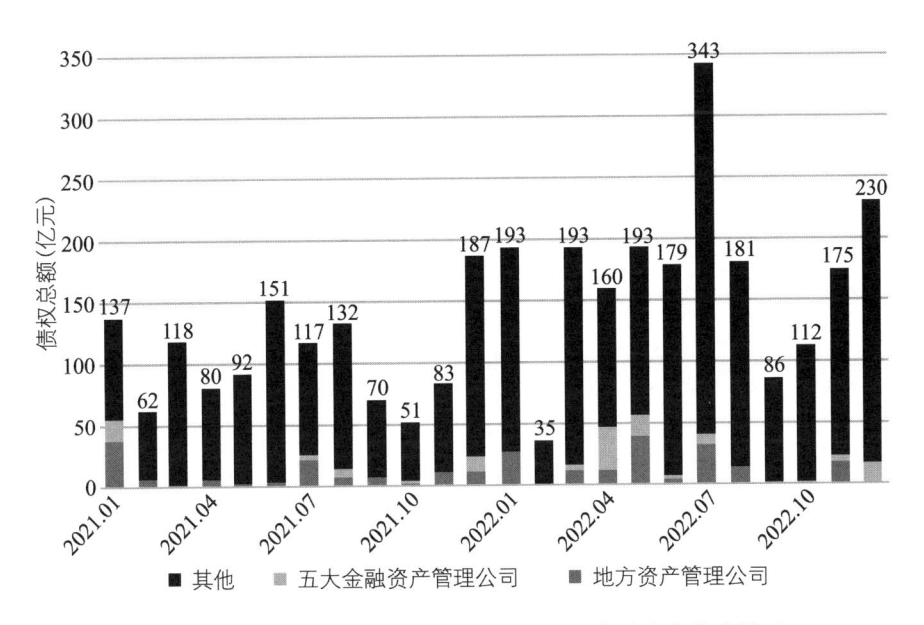

图2-15　二级市场中非持牌机构转出债权按受让方分类情况

数据来源：浙商资产研究院

70%—80%，成为二级市场收购主力。

以2022年市场交易为例，不良资产一级市场全年交易规模为4008亿元，其中被地方资产管理公司购入约1610亿元，占比为40.2%；被五大金融资产管理公司购入约1567亿元，占比为39.1%；被非持牌机构购入约831亿元，占比为20.7%。地方资产管理公司的受让规模上升较多，同比上升39.5%；除信达资产、银河资产和地方资产管理公司外，其余机构的受让规模均出现同比下降。

二级市场方面，非持牌机构的活跃程度进一步提升。一是持牌资产管理公司对外转让债权中，非持牌机构收购占比大幅上升。2022年，持牌资产管理公司转让债权总规模约为3847亿元，同比上升11.6%，其中非持牌投资机构购入约3172亿元，同比上升32%，占比为82.5%，同比上升12.7个百分点；地方资产管理公司购入约

596亿元，占比为15.5%；金融资产管理公司购入占比为2.0%。二是非持牌机构转出债权规模大幅上升，约为2080亿元，同比上升62.5%，其中非持牌投资机构购入约1836亿元，占比为88.3%；地方资产管理公司购入约155亿元，五大金融资产管理公司购入约90亿元。

第四节　我国不良资产管理行业发展特征

在20多年的发展过程中，我国不良资产管理行业形成了鲜明的特征，主要体现在体系化、市场化、全面性、多层次性等方面。其中，体系化特征强调我国不良资产管理行业自成体系，各部分有效衔接，支撑行业发挥系统性功能，成为金融体系中的子体系；市场化特征强调市场在行业资源配置中起决定性作用，行业可以按照市场机制自我良好运行；全面性特征强调行业覆盖面广而全，具有发展统一大市场的条件；多层次性特征强调行业基础设施及参与主体层次分明、分工明确有效。在这些发展特征下，我国不良资产管理行业格局初步成型。

一、体系化

我国不良资产管理行业已经形成一定的体系化特征，包括形成多环节的市场体系、多层面的监管体系、多维度的制度体系等。这一特征在行业发展过程中逐渐显现，不良资产管理行业逐渐成为与我国金融行业体系有效衔接的子体系。一是一级市场、二级市场等产业链上相互衔接的市场均拥有较为成熟的交易机制、较为活跃的市场参与主体，形成了多环节的不良资产市场体系。二是从中国人民银行、财政部、国家金融监督管理总局（原银保监会）到各省级人民政府、省级地方金融监督管理局，中央和地方多层面的监管体系逐步建立。三是从法律法规等顶层设计到地方性法规、部门规章等具体运行规范，从行业主体相关制度到行业业务相关制度，多维度的制度体系已初步成型。

二、市场化

我国不良资产管理行业发展之初，在内外部环境背景下具有较为浓厚的政策性特征，承担了政策导向下有效化解金融风险的历史使命，国有银行圆满完成政策性剥离并于2006年底基本完成处置，为我国经济发展、金融体制改革创造了良好条件。此后，我国不良资产管理行业逐步开始市场化转型并走向全面市场化阶段。市场化的特征主要体现在以下几个方面：一是资产定价市场化，从账面价格收购到市场化确定资产收购价格，公开招标、报价竞标等市场化定价方式已成为行业主流的定价方式。二是资源配置市场化，从政策指定收购对口银行不良资产到市场化自主收购各类不良资产，从接受政策指令托管金融机构及非金融企业到项目的市场化选择，从重点考核现金回收率和费用率等政策性指标到自负盈亏，充分说明资产管理公司获得了市场化主体的自主性，市场在资源配置中发挥了决定性的作用。三是处置方式市场化，从政策性债转股到市场化清收、重组、转让，从依靠政策性资金支持到市场化多渠道融资、调动各类社会资源等转变，其效果是提高了不良资产处置效率，进一步提升了资源配置市场化水平。总体而言，我国不良资产管理行业已基本实现市场化运行，形成了有力的市场自我驱动机制。

三、全面性

我国不良资产管理行业的全面性主要表现在不良资产标的类型、参与主体、市场区域等维度。一是资产标的全面，不良资产标的包括金融不良和非金融不良，具备债权、股权、实物等多种形态，涵盖不动产、动产、无形资产、其他经济权益等多类资产，无论按何种分类，均覆盖了绝大部分资产类型。二是参与主体全面，不良资产供给方包括银行等金融机构，以及政府、企业等各类主体，不良资产需求方包括金融资产管理公司、地方资产管理公司、金融资产投资公司、国际资产管理机构、民间投资机构及个人等各类投资商和服务商，市场参与主体广而全。三是市场区域全面，五大金融资产管理公司各地分公司和60家地方资产管理公司的业务辐射范围几乎覆盖了全国全部区域，加上不计其数的其他各类市场参与主体的参与，我国不良资产市场可谓遍布全国，充分体现了行业区域的全面性。

四、多层次性

多层次性强调行业基础设施及参与主体层次分明、分工明确有效，包括市场多层次性、制度多层次性、参与主体多层次性等，这种多层次性既是全面性和体系化的另一维度的体现，也是市场秩序的重要保证。一是形成一级市场、二级市场等多层次市场，一级市场主要服务于金融机构向资产管理公司转让不良资产，实质性的持牌交易机制提升了一级市场的规范性、安全性、专业性；二级市场及后续环节交易市场不设牌照限制，有利于充分调动社会资源共同参与不良资产管理行业，高效实现市场功能。二是中央、地方多层次的行业运行制度，保障了行业运行既符合系统性的顶层设计又充分考虑区域性的实际操作，兼顾中央意图与地方需求。三是资产管理公司与非持牌机构、投资商与服务商分工明确，在行业中分别主要承担资产处置的不同阶段、业务模式中的重资产角色和轻资产角色，运用各自的长处共同助推行业功能的实现。

总体而言，我国不良资产管理行业形成了体系化、市场化、全面性、多层次性等鲜明特征，结合市场的主体和客体的丰富内涵、市场交易的厚度和广度，可以说我国不良资产行业已经成型，已经成为我国金融体系的重要组成部分。当然，行业的发展毕竟只有二十多年的短暂历史，进入市场化阶段的时间更短，行业发展中还存在着这样和那样的问题。行业面临的重要任务就是甄别、分析这些问题，提出优化完善的举措，实现特色向优势的转化，推动行业从"成型"到"成熟"。

[第三章]
不良资产管理行业功能

经过二十多年的发展，不良资产管理行业已成为我国金融体系中不可或缺的组成部分，对经济的整体有序运行持续发挥着重要的功能与作用。然而，我们也必须认识到，目前行业内外对于不良资产管理行业究竟应该承担何种功能还存在认知不清晰、不统一的情况。近年来，监管层对资产管理公司"回归主业"的号召，也反映出一些资产管理公司对自身功能定位存在偏差的情况。

因此，在当前的发展节点，总结梳理行业的功能作用是十分有必要的，其不仅能帮助行业上下统一经营与发展的认知，更能使监管层加深对行业的理解，从而为行业创造更好的发展环境。本章将从机理功能和现实功能两个维度出发，对不良资产管理行业的功能进行概述。其中，行业的机理功能是指构建信贷交易和金融机构运营的平衡机制，是行业存在的根本性理论内涵。而现实功能则是机理功能的外在表现，即行业运行实际发生的有利作用，也是构建行业的本质目的。根据金融功能的相关理论，现实功能又可进一步细分为体系功能和机构功能。体系功能主要是在宏观层面上对经济的良性运转和金融体系的安全所起到的作用，而机构功能主要体现在救助微观经济主体及激发市场个体活力等方面，是行业运行在微观层面产生的价值。

从不良资产管理行业的实践来看，尽管行业在宏观和微观层面上均对我国经济的平稳运行和良性发展起到了至关重要的作用，行业功能得到了一定程度的实现，但受制于历史因素、市场地位差异、监管框架不完善等，行业的制度安排在提升行业功能发挥的效率方面还存在较大的优化空间。而这些问题的源头在于行业功能的认知，行业功能是行业构建的目的和归属，也是行业属性的决定因素和行业运行机制构建的依据。因此，明晰和统一行业功能的认知，是解决行业摩擦和提升行业功能有效性的起点。

第一节　功能相关理论概述

从前述研究综述中不难发现，国内学者在行业功能的相关方面进行了比较细致的剖析，普遍认为不良资产管理行业具有区别一般性金融行业的差异化功能定位，能够在降低交易成本、缓解金融风险、完善资本市场、激发企业活力等方面发挥有利作用，为本文的研究提供了重要启迪。

但也应该看到，此前的研究在两个方面仍存在可完善之处。首先，相关研究多聚焦于行业作用的外在表现方面。尽管在理论应用上有许多创新之处，但对于行业功能基础性的理论演绎尚显不足，在分析维度的选择上也有值得商榷之处。其次，相关文献对于行业功能的研究往往聚焦于单一主体，如较多的从金融资产管理公司的角度对行业功能进行剖析，而不是基于行业总体的高度对功能进行全面的分类界定，在适用性方面存在一定的不足。本节将基于行业功能研究的相关文献，从行业整体出发，围绕金融功能等相关理论，系统地对行业的功能进行理论辨析和分类界定，以期弥补相关理论研究的不足。

功能一词意指"事物或方法所发挥的作用"。在现代汉语语境中，功能一般被认为是褒义词，其具有可以满足使用者某种需求的特性，更倾向于"有利的作用"。基于作用和特性的角度，金融功能的基本作用在于优化资源配置，广义而言，其特性在于满足经济增长和社会发展的需求。

20世纪90年代，默顿（Merton）和博迪（Bodie）曾对金融体系的基本功能（The primary function of financial system）作出定义，他们认为金融系统的基本功能是在一个不确定的环境中，从时间上和空间上促进经济资源的配置和拓展。不良资产的产生从本质上看是由信贷交易的跨时间和跨空间特性所导致的。这里的跨时间是指信贷交易中的借款和还款并不是同时发生的。而跨空间是指还款金额一般会大于借款金额，在价格上属于跨空间交易。这两种特性决定信贷交易是一种不平衡交易。信用的存在可以使信贷交易暂时达到平衡，但信用在交易时间内并不是一成不变的，一旦信用受损，信贷交易的平衡就被打破，不良资产也就此产生。受信息不对称、经济周期、政策失位等因素的影响，银行等金融机构很难通过自身的力量化解这种不平衡，金融体系需要外部机制弥补信贷交易的不平衡以及由信贷交易不平衡所引发的体系运行的不平衡。

而不良资产管理行业的出现恰好能弥补这种不平衡。一方面，资产管理公司通过收购不良资产，可以使处于不平衡状态的信贷交易从金融机构剥离出来，让金融机构的运营形成新的平衡。另一方面，资产管理公司处置不良资产，通过对不良资产进行价格修复和提升，以使处于不平衡状态的信贷交易形成新的平衡。因此不良资产管理行业在金融体系中的基本性机理功能在于，通过不良资产的收购和处置，重新构建金融机构的运营平衡。其作用在于从时间上和空间上促进信贷交易的资源配置，保障经济体系的稳定运行和长期发展，这也是各国政策制定者设立资产管理公司的初衷。

在理论上的机理功能之外，金融功能还包括现实功能。现实功能以机理功能为基础，是机理功能实现路径的外在表现，反映的是金融功能实际发生的有利作用。机理功能和现实功能是金融功能的两面，两者尽管内涵不同，但具有高度的统一性。随着经济及金融发展程度的提升，金融体系会逐渐复杂化，机理功能的实现路径在外部环境的作用下也会持续进行演进。从当今世界各国的实践来看，资产管理公司被赋予的功能定位已远远超越了前文所定义的机理功能。尽管行业促进经济发展和优化资源配置的根本作用未变，但其作用实现的功能路径已经发生了翻天覆地的变化，从单一的不良资产收购与处置逐步拓展至受托资产管理、破产重整、提供中间业务等多元领域。不良资产管理行业不仅需要遵循其机理功能，还需要根据社会发展的需要不断丰富其现实功能。由于现实功能是对行业实际运行更直观的反映，更有利于对功能作用的发挥进行有效性评价，因此本书的分析将主要着眼行业的现实功能层面。

从我国不良资产管理行业的发展来看，不良资产管理行业以"防范化解金融风险，服务实体经济"为总体功能定位，从全国下沉到区域，从收购金融不良资产延伸至非金不良资产，从围绕银行转再到围绕企业转，行业的现实功能也在不断增加。目前无论是金融资产管理公司还是地方资产管理公司，其功能均已不再局限于单纯的不良资产收购和处置。但行业现实功能的丰富也会妨碍其机理功能，近年来部分资产管理公司盲目进行市场化扩张，偏离行业的机理功能，甚至成为影子银行的重要载体。这些现象无不提示着我们，机理功能和现实功能两者之间具有统一性，行业现实功能的发展须以不偏离机理功能为准则。

因此，系统性地总结目前行业的现实功能是极其有必要的。对于行业而言，它能帮助我们厘清业务边界，纠正错误的经营发展行为。对于政策制定者而言，全面掌握行业的现实功能，有助于完善监管框架，加强对行业的政策支持力度，为行业更为高效地运转创造有利环境。

根据金融功能观的理论框架，金融功能可以从体系层面、机构层面、活动层面和产品层面四个方面进行分析。由于本书主要研究不良资产管理行业的制度安排，体系和机构层面从维度上更好地与制度安排相对应，更具有制度安排研究的意义。因此，本章将主要从体系和机构两个层面对行业的现实功能进行分析。

第二节　体系功能：宏观视角

从宏观视角来看，行业多年来坚持"防范化解金融风险，服务实体经济"的总体功能定位，围绕政府、金融机构、实体企业的需求开展各项工作，充分发挥金融"稳定器"与"安全网"的战略作用，具体体现在如下几个方面。

一、熨平周期波动的功能

不良资产管理行业熨平周期波动的功能，源于不良资产的生成与经济周期和金融周期之间的紧密关系。经济周期也被称为商业周期，一般是指经济长期发展中所经历的有规律的扩张和收缩，是自发性的周期波动。金融周期则是指由金融变量扩张与收缩导致的周期性波动。从经济周期的角度看，经济主体的行为有顺周期性和逆周期性之分，其中，顺周期性是指金融部门与实体部门之间动态的正向反馈机制，这种机制会放大经济周期的波动，并导致或加剧金融部门的不稳定性；逆周期性则是指经济行为与经济波动呈负反馈关系，它可以减少经济周期波动的程度。实体经济中的绝大多数行业都具有显著的顺周期特性，而资产管理公司的经营则具有显著的逆周期特性。

如果只有长期的增长趋势，理论上企业经营正常，产生足够的利润，就可以偿还银行的贷款和利息，不良资产也就不会产生。但是短期的周期波动会造成经济活动的不稳定性，从而冲击企业的经营行为，影响企业的还款能力。当经济处于上行期，企业可以利用金融机构的资金实行快速扩张；但是当经济处于下行期时，有效需求不足，利用金融机构资金实现的产能提升就无法有效获得经济价值。叠加借入的资金成本，企业经营困难进一步加重，导致无法归还金融机构的资金，这些借款最终变成不良资产。

如果不良资产在经济下行期在金融体系中大量累积，银行等金融机构受资本充足率等监管指标的影响，其信用扩张的能力将大幅下降。当不良资产达到较为严重的程度时，银行甚至面临清算和倒闭的风险，严重影响金融市场的稳定和金融体系的安全，金融体系对实体经济的支持能力也将随之降低。资产管理公司在经济下行期从金融机构收购不良资产，可以有效降低银行等金融机构的经营压力，减少经济发展中的不稳定因素，也为经济转型发展提供了动力，形成一个正向的循环效应。此外，资产管理公司收购不良资产也可以帮助金融市场稳定资产价格，阻止资产价格进一步下滑。随着经济金融进入复苏周期，资产管理公司对持有的不良资产进行处置，从而实现盈利。

资产管理公司在经济下行期对不良资产的收购动作，可以称为"逆周期调节"。如图3-1所示，这种"逆周期调节"能够减轻银行风控压力，重新恢复信贷供给能力，为实体经济提供资金，推动企业经营转好，企业还款能力的增强，使银行不良资产增加的态势放缓，经济进入一个良性循环，实体经济及金融体系因周期产生的波动得到平抑，助推经济走向复苏。

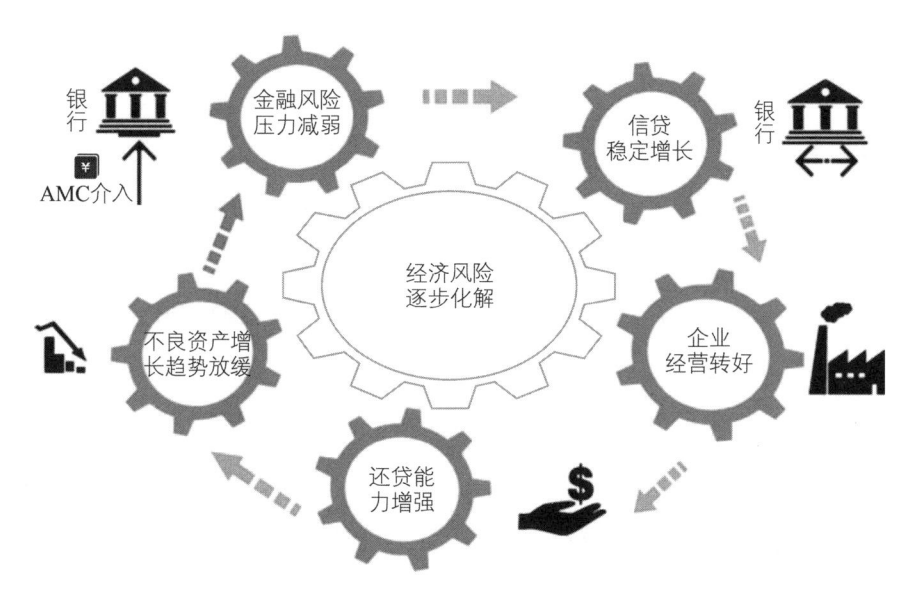

图3-1 不良资产管理行业的"正循环"作用

二、保障金融体系安全的功能

在金融体系顺周期性的作用下，外部冲击经由金融市场向实体经济传导，影响整个经济体系，并通过经济体系与金融体系之间的互相影响放大外部冲击。在经济景气时期，银行对未来的预期较为乐观，导致其风险偏好中枢抬升。为了扩大信贷规模，银行在信贷审批中往往会放松相关审批标准，从而导致道德风险和逆向选择的出现。同时，抵押物的价格随着资产价格的上涨而上扬，无形中增加了企业向金融市场获取资金的能力。两者结合，信贷市场会出现流动性过剩的现象，借款人可以较为轻易地从银行举债，但同时也为经济进入下行期之后借款人无法偿还到期贷款埋下隐患。

当经济进入下行周期时，资产价格的下滑导致抵押物的价格也随之下降。同时，企业正常的生产经营活动也因经济形势的变化而产生困难，从而提升贷款违约风险及违约率。两者相结合会造成银行的不良资产大幅攀升，资产负债表持续恶化。受限于资本充足率等监管指标的要求，叠加自身的流动性压力，银行风险偏好中枢下降，放贷趋于保守，这种现象也被称作"惜贷"。随着银行信贷投放意愿的减弱，其对实体经济的"供血"能力也随之下降，信贷市场将出现流动性不足和利率上升的情况，甚至连资质较好、风险较低的借款人或项目也难以从信贷市场获得资金支持，从而导致经济进一步下滑，即形成所谓的"滚雪球效应"，风险循环如图3-2所示。

金融体系与实体经济的周期运行趋势相同。当经济进入下行周期时，不良资产的快速增长导致个别银行产生流动性风险。由于系

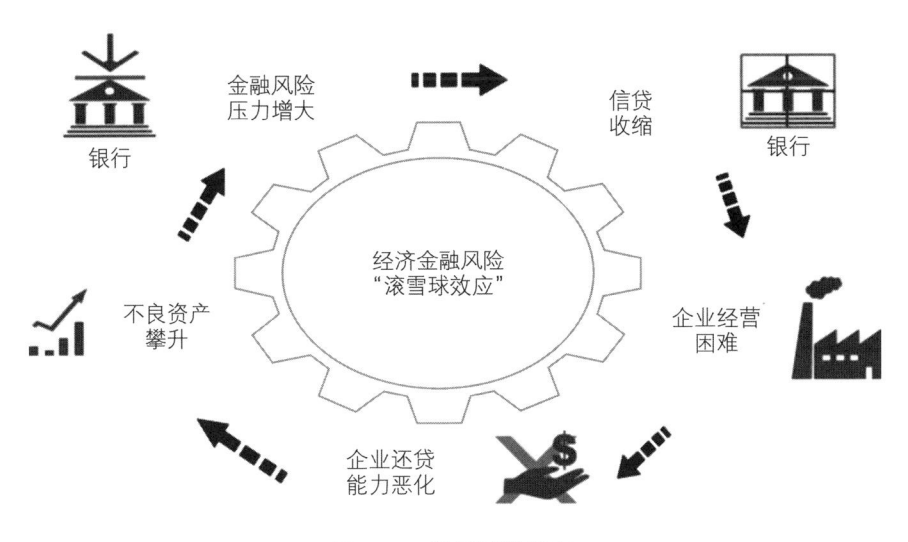

图3-2　银行风险循环

统性风险具备高度的传染性特征，银行个体风险会沿着金融市场，通过银行间业务、持有的共同资产、信息与预期等渠道向其他金融机构传导，从而使银行挤兑、债务违约、资产抛售之间相互强化，金融体系的风险极易集中暴露，进而引发系统性金融风险，导致经济危机。而及时、有效地处置不良资产可以阻断个别风险向区域性、系统性风险演进传染的路径，避免不良资产的自我循环、自我累积和集中爆发。资产管理公司通过向银行购买不良资产，一方面可以改善银行等金融机构的流动性，增强其风险抵御能力，另一方面不良资产的出表可以实现不良资产与银行体系风险的隔离，阻断形成系统性金融风险的基础，降低系统性风险爆发的内生性和现实性。两方面的共同作用可以维护市场对于金融体系安全的信心，从而预防金融危机的产生。因此不良资产管理行业从运行机制上保障了金融体系的系统性安全，是金融体系重要且必要的"稳定器"与"安全网"。

第三节 机构功能：微观视角

正如本章开篇所提到的，我国不良资产管理行业的机构功能主要体现在微观层面上。目前行业已形成市场化的经济金融救助机制，对各类微观主体发挥作用。在当前我国经济转型的大背景下，不良资产管理行业正利用自身独特的风险化解功能有效推动着经济结构的优化，让存量资产和困境企业重获生机，为破解经济新常态下的微观难题持续贡献着力量。下文将从金融机构、实体企业、投资商与服务商三个微观视角对我国不良资产管理行业的机构功能进行阐述。

一、处置不良资产，降低金融机构经营风险的功能

从金融机构视角来看，我国不良资产管理行业的机构功能在于处置不良资产，降低银行等金融机构的经营风险。一方面，金融机构通过清收、核销、重组等方式，自主处置不良资产，最大限度保全资产价值，并以经营产生的利润消化不良资产处置过程中造成的损失，用经营的办法解决经营中的问题，逐步压降存量资产风险。这一类处置途径对金融机构自身的经营状况、不良资产管理能力有较高的要求。近年来，为了改善银行资产质量，妥善应对不良资产反弹，央行与原银保监会多次强调要加大银行业不良资产处置力度。

较多银行也积极响应监管的号召，不断加强资产保全部门与清收队伍的建设，实施多清收、多核销、多重组、审慎批转的处置策略，增强自主处置能力、推动高质量发展。目前，我国经济正处于下行周期，随着经济增速放缓，供给侧改革的深化推进，不良资产在未来仍将面临较大的反弹压力。这也要求银行等金融机构不断丰富自身的处置手段，在清收、核销、重组的基础上，综合运用资产证券化等创新手段处置不良资产，从而更好地应对潜在的风险。

另一方面，金融机构通过不良资产转让等方式，将不良资产剥离至资产负债表外，直接压降存量不良资产，从而快速降低经营风险、满足监管要求。这一类处置途径尽管会导致金融机构潜在收益受到侵蚀，如银行以打折的方式对外转让不良资产损失了未来可能因资产价格上升而获得的收益，但不良资产的快速出表，有利于及时压降风险资产余额，腾出更多的信贷空间，实现"以时间换空间"的效果。同时，将银行剥离的不良资产交由专业化的资产管理公司进行运作，也有利于挖掘不良资产的潜在价值，提升不良资产的处置成效，推动资源的市场化流动，促进金融市场效率的提高。

总体上看，金融机构通过向不良资产管理行业转让不良资产，对不良资产进行处置化解，是快速降低经营风险的重要手段之一；对于不良资产管理行业来说，接收和消化这些不良资产，降低金融机构经营风险，为金融机构长期可持续发展创造良好条件，是重要的功能定位之一。

二、服务实体企业，优化资源配置的功能

从实体企业视角来看，我国不良资产管理行业的机构功能在于

出清无效资产、盘活低效存量资产，优化实体企业资源配置。不良资产往往是资源配置不合理的资产，这部分资产本身可以发挥更大的效能作用，但往往因为效率低下的社会资源组合方式，使其无法发挥应有的效能。不良资产管理行业中的参与主体可以积极运用所掌握的资金与产业资源，对仍有内在价值的实体企业及资产进行重整、盘活，充分实现其价值，提升社会资源的配置效率，服务实体经济发展。

一方面，我国当前正处于新旧动能接续转换的重要时期。随着产业结构的不断优化升级，实体经济中存在大量过剩及落后产能，导致"僵尸企业"及低效企业的数量有所增多。这些企业的继续经营，占用了大量金融资源，阻滞优质产业的发展，成为经济运行的堵点。对于救助无望的"僵尸企业"、价值提升空间较低的企业及相关资产等经济运行堵点，应及时进行清理，以加快资产处置为目标，推动问题企业破产清算、辅业剥离，快速完成风险出清，将有限的资源及时从效能低下的"僵尸企业"及资产中释放出来。

另一方面，在经济下行过程中，因为银行信贷体系的"惜贷"行为以及经济环境对企业经营活动的冲击，相当一部分质地良好的企业同样会面临清偿性、流动性风险。对于基本面向好但暂时陷入危机的企业，不良资产管理行业的参与主体能够在符合法律规范和商业逻辑的前提下及时"输血"，有针对性地设计纾困方案、救助方案，通过自主帮扶、引入社会资源等方式为其提供各类支持，减轻企业的债务负担，盘活存量资产，保障企业顺利渡过难关；推动企业加速转换经营机制、完善治理结构、增强企业竞争力，实现更有效率的经营，优化资源配置。

三、经营管理资产，获取投资与服务收益的功能

对不良资产的经营管理是指资产管理机构依靠自身在资产管理和风险处置方面的能力和经验，通过综合运用法律法规允许范围内的手段和方法，实现不良资产价值提升和价值回收的过程。不良资产的经营管理者可以分为投资商与服务商，投资商作为投资主体投入资金购买不良资产，服务商则作为服务主体输出专业能力为投资商或其他相关方提供服务。从投资商与服务商视角来看，我国不良资产管理行业的机构功能在于经营管理各类不良资产，将不良资产转化为能给持有人带来收益的正常资产，使得投资商获取合理的投资收益、服务商获取合理的服务收益。

投资商方面，目前不良资产投资商包括五大金融资产管理公司、地方资产管理公司、金融资产投资公司、民营及外资机构。上述主体以常态化、市场化、商业化的经营机制，积极主动地进行不良资产的收购和处置工作，从早期"三打"的处置模式逐渐升级为"三重"的处置模式，通过综合运用市场化债转股、资产重组、债务重组、破产重整、基金投资、资产证券化、受托管理等多种方式对不良资产进行经营与管理。作为不良资产的核心管理者，投资商提高了不良资产的流动性和处置效率，充分实现资产的内在价值，并从中获取相应的投资收益。

服务商方面，主要有以民营资产管理机构为主的处置服务商，以律师事务所、资产评估公司、会计师事务所等为主的专业服务商，以交易平台为主的交易服务商，以及为行业资产方、资金方以及其他需求方提供全方位服务的综合服务商。不同类别的服务商各司其

职，通过发挥各自领域的资源与能力优势，以轻资产的方式参与不良资产管理行业的运行。服务商作为不良资产的辅助管理者，为核心管理者投资商提供各类服务，辅助投资商对不良资产进行经营管理，并获取相应合理的服务收益。换言之，服务商通过自身的专业化能力促进不良资产的处置，共同实现各类资源的高效运转，已成为整个不良资产管理行业不可或缺的一部分。

随着我国经济发展进入新常态，一些区域及行业在过去经济高速发展过程中积聚的隐性风险将逐步显现出来。在经济结构转型的过程中，未来将有大量企业面临债务高企、产能过剩等问题，并逐步被市场淘汰。在这个过程中不良资产的内涵和外延将更加丰富，三高企业、低效资产、过剩产能将成为我国经济未来发展中面临的突出问题和主要风险。这些类型的不良资产化解和处置方式与传统金融类不良资产存在着较大区别，这无疑对资产管理机构的经营管理能力提出了更高的要求。

在这样的背景之下，不良资产的投资商与服务商要通过更加多元化的手段对资产进行经营管理。一方面，投资商须强化自身的资产管理属性，充分发挥价值提升的作用，投资商与服务商的边界会逐渐淡化，投资商会逐渐向轻资产化、服务商化的方向进行转型，不断提升自身的综合服务能力。另一方面，服务商也将逐渐向综合化转型，通过将不同类别的服务商的优势能力聚合，以生态协同的方式对不良资产进行经营管理。资产管理机构综合能力的提升，为新常态下的经济转型升级发挥积极的作用，体现出不良资产管理行业应有的社会价值；同时资产管理机构的转型也能提升自身的经营质效，实现可持续发展。

第四节　不良资产管理行业功能的比较分析

我国不良资产管理行业在过去二十多年的发展过程中，形成了鲜明的特征，成为金融体系的重要组成部分，是防范化解金融风险的常态化机制安排。我国不良资产管理行业坚持"防范化解金融风险，服务实体经济"的行业总体功能定位，通过"化危机，盘存量，促转型，引发展"促进金融稳定，推动经济转型升级，为经济走向复苏提供保障，充分发挥金融"稳定器"与"安全网"的战略作用。

以机理功能的视角来看，行业各主体的理论基础功能具备高度的一致性，是行业上下所应遵循的基本定位，并不会因为主体的不同产生差异。而以现实功能的视角来看，尽管有体系功能和机构功能之分，但两者之间存在着统一性，机构功能是体系功能的微观落脚点，是体系功能实现的重要基础。如果各主体所服务的体系功能是一致的，那其应具备的机构功能也应该是一致的。

从行业运行的实践来看，各主体以机理功能为基础，既服务于体系功能，也践行着机构功能。通过"三围"（即"围着银行转、围着政府需求转、围着企业转"）发挥"防范化解金融风险，服务实体经济"的功能作用。从宏观视角看，我国不良资产管理行业具有运用自身逆周期特性熨平周期波动，通过改善银行等金融机构的流动性，帮助剥离不良资产实现风险隔离，保障金融体系系统性安全的功能作用。从微观视角看，我国不良资产管理行业具有处置不良资产、优化资源配置、经营管理不良资产的功能作用，以此实现降低经营风险、服务实体经济、获取投资与服务收益的目的。

因此，从行业中金融资产管理公司、地方资产管理公司以及非持牌机构等主要的参与主体来看，无论是所服务的体系功能，抑或是应具备的机构功能，各主体之间是高度统一的。但由于历史因素、市场定位差异等外部客观因素的存在，导致其在践行机构功能的方式上各有侧重。金融资产管理公司侧重于围绕银行和金融机构开展风险化解；地方资产管理公司更侧重于围绕地方政府、地方金融机构和企业开展业务，能够在降低本地中、小金融机构和实体企业的债务压力中发挥重要作用；非持牌机构更多是围绕金融资产管理公司和地方资产管理公司开展不良资产收购、处置等业务。

从金融资产管理公司的视角来看，更侧重于围绕银行和金融机构开展风险化解。金融资产管理公司设立之初的主要作用是接收四大国有商业银行政策性剥离的不良资产，有效化解金融风险，大幅压降不良贷款余额和不良贷款率，为其后续完成股改、上市打下基础。为尽可能地减少财产损失、保全现有资产，在此过程中，国务院主要负责对收购所需要的金额和范围进行批准，财政部对资金进行统一分配，并且国家在政策支持上给予了金融资产管理公司在业务活动中享有减免税费等一系列优惠条件。随着时间的推移，将原政策性业务时期发挥的作用也随之调整为"防范化解金融风险，服务实体经济"的功能定位，而后逐渐将业务范围扩展至整个金融行业，依靠自身的功能定位，接收金融行业的不良资产，防范化解金融风险。由于金融资产管理公司的侧重点主要在金融机构，导致其对地方上不良资产的基本情况、涉及领域及内容构成的了解程度并不高，因此在解决处置地方上不良资产的时候存在效率较低的情况。

从地方资产管理公司的视角来看，更侧重于围绕地方政府和企业开展业务。其设立的初衷就是为了填补地方不良资产处置方面的空白，主要负责处置省内或地区内的当地金融机构的不良资产，降低本地中小型金融企业在债务上的压力。由于地方资产管理公司主要由地方省一级政府创建，因此与当地的政府、金融行业和当地企业紧密相连，区域性特点较为突出。

从非持牌机构的视角来看，由于不能直接参与一级市场，因此重点围绕上游供给方、中游服务商合作开展不良资产相关业务。非持牌机构基于本地资源或特定资源的优势，运用灵活多样化手段处置各类资产，在优化价格发现机制、提高处置效率、出清不良资产风险等方面发挥了重要作用，成为不良资产管理生态圈中处置和经营不良资产的一股重要力量。

[第四章]
不良资产管理行业属性

事物与属性是不可分的，事物都是有属性的事物，属性也都是事物的属性，不良资产管理行业也是如此。不良资产管理行业与其他金融细分行业的属性异同，决定了不良资产行业所具有的重要特征，这是我们分析不良资产管理行业的基础。本章从行业体系属性、机构的内在属性和法律属性三个视角出发分别进行论述。本书认为，行业的体系属性是金融性，机构的内在属性是金融属性和资产管理属性。这两个方面的属性是不良资产管理行业的重要特征。简言之，不良资产大部分来自金融体系，所以其本质上具有金融属性，同时，资产处置及运作过程中更多的是通过金融手段来实现，具有一定"融通性"，所以机构本身也具有一定的金融性。加上不良资产本质上是一种特殊的资产，通过价值发现和价值实现的管理手段实现其处置，因此，资产管理属性是机构内在属性的核心。如前文所述，不良资产管理行业的功能定位是一致的，机构的内在属性又是相同的，但现实中，行业中两大主要的市场参与主体，金融资产管理公司和地方资产管理公司却被分别赋予了"金融机构"和"类金融机构"的法律属性。这种割裂的法律属性赋予缺乏理论逻辑的支持，也给行业的实际运行带来了一定的困扰。

第一节　属性相关理论概述

一个具体事物一般来说有很多性质与关系，我们把一个事物的性质与关系都叫作事物的属性。一个事物与另一个事物的相同或相异，也就是一个事物的属性与另一事物的属性的相同或不同。由于事物属性的相同或不同，客观世界中就形成了许多不同的事物类别。具有相同属性的事物形成一类，具有不同属性的事物分别形成不同的类别。某一类事物具有的共同属性称为共同属性，特有属性是指一类事物独有、别类事物不具有的属性，人们就是通过对象的特有属性来区别和认识事物的。

不良资产管理行业作为金融体系中的一个细分领域具有自身的属性特征，不良资产管理行业与其他金融细分行业的属性异同，决定了不良资产管理行业所特有的重要特征。属性决定了不良资产管理行业的性质与关系，行业制度安排要根据行业属性进行制度设计，也要与行业属性的变化相适应，这是我们分析不良资产管理行业制度安排的重要基础。下面分别从行业的体系属性以及机构内在属性这两个层次展开具体分析，具体而言从金融属性与资产管理属性这两个视角出发分别进行论述。之所以从这两个属性出发是因为这两个属性是不良资产的主要特性，不良资产大部分来自金融体系。

第二节　行业体系属性：金融性

从金融体系视角来看，不良资产管理行业属于整个金融体系中的一个子体系，是金融体系保持稳健运转不可或缺的一个重要组成部分，行业的存在是我国维护金融稳定和金融安全的重要制度安排，通常定位为防范化解金融风险、推动经济转型升级的金融基础设施。经过二十多年的发展，不良资产管理行业无论在行业制度安排，还是在行业主体以及市场容量等方面都具备一个行业所具有的基本要素，要在国家金融稳定制度架构中更好地发挥作用。由于本身就是金融体系的一个重要组成部分，所以，从行业体系属性来看不良资产管理行业天然就具有金融属性。

从行业功能视角来看，不良资产管理行业具有防范化解金融风险的独特功能。设立行业主体资产管理公司的初衷就是发挥逆周期金融救助功能，充分发挥熨平经济周期波动的"安全网"和"稳定器"的重要作用。资产管理公司赋予不良资产流动性，在时间和空间两个方面对不良资产价值进行重新发现和再分配。其存在价值在于防范风险、化解风险、发现价值、实现价值，其中防范风险是基础、化解风险是核心、发现价值是前提、实现价值是目标，并以此保障经济金融体系的安全，实现经济金融稳健发展，从而体现出其应有的社会价值。

从不良资产类型视角来看，不良资产是指在现实条件下不能给持有人带来预期收益的资产。在一般情形下提及的不良资产主要是指银行体系所产生的不良资产，即五级分类中的后三类贷款。除了银行之外，还有信托等金融机构以及非金融机构所产生的各类不良资产。无论是金融不良资产还是非金不良资产，其实质是一种信用交易关系，只是因为信用交易出现问题才产生了不良资产，同时不良资产普遍具有普通金融产品所具有的融通性特征，所以从资产类型来看不良资产具有较强的金融属性。

从以上三个方面来看，金融性是不良资产管理行业的重要特征，是回答不良资产管理行业是什么的最佳答案。

第三节　机构内在属性

一、金融属性

不良资产管理行业的参与主体主要是资产管理公司，即主要从事收购、管理、处置不良资产的机构。根据《金融资产管理公司条例》，五大金融资产管理公司是经国务院决定设立的收购国有银行不良贷款，管理和处置因收购国有银行不良贷款形成的资产的非银行金融机构。从2013年开始，地方资产管理公司陆续成立，地方资产管理公司目前被纳入地方金融组织序列，可以说参与主体都是具有金融属性的机构。尽管这种差异性的分类本身缺乏理论逻辑的支持，但无论是"金融机构"，还是"地方金融组织"，都没有撇开它们的核心共性——金融性。资产管理公司的"金融"属性可以理解为金融工具性,是资产管理公司进行资产管理活动所依托的重要工具。

资产管理公司主要业务是收购处置不良资产,其业务的内容就决定了资产管理公司具有金融属性特征。从不良资产本身来看,目前绝大部分的不良资产来自金融体系,包括银行不良贷款、违约债券、违约信托等,具有典型的金融属性。当然还有部分不良资产来源于非金融机构,但其资产形态很多还是反映出交易双方的信用关系,以资金融通性为主要表现特征,所以,可以认为不良资产大部分具有金融属性。再从不良资产的管理方式来看,不良资产的收购与处置在方法与模式层面具有较强的金融属性特征,并购重组、证券化、基金化处置等都是常见的金融工具模式,与通常意义上的金融资产运营没有本质性的区别。

从以上几点来看,资产管理公司的机构内在属性具有较为明显的金融属性。同时我们也要看到,资产管理公司与其他金融行业的机构尽管都具有金融属性,但有一定的差异,这种差异主要由各自的机构功能决定。资产管理公司特有的金融属性,主要表现在其实现化解金融风险功能方面,而其他金融机构的金融性也表现在其特有的金融功能方面。

二、资产管理属性

资产管理目前还没有一个得到理论界和业界都普遍认可的明确定义,通常意义上的资产管理业务是指银行、信托、证券、基金、期货、保险资产管理机构、金融资产投资公司等金融机构接受投资者委托,对受托的投资者财产进行投资和管理的金融服务。这里有两层含义：一层是资产的来源，另一层是对资产进行管理实现保值增值。

可以看出，第一层含义表达的是管理者与资产来源的法律关系，是一种受托关系的制度安排，并不涉及资产的管理内容。对于管理者的报表而言，仅是一种表外安排而已。事实上，表外表内安排并不影响资产管理的结果，更体现了委托人和受托人之间的权利义务分配。事实上，进行资产管理都可以通过表外或表内进行，不良资产管理公司也同样如此。因此，受托关系并不是资产管理的本质属性，只是用于规范特定资产管理机构的法律关系要求。第二层含义是管理的实际内容，也是管理的目的，充分揭示了资产管理的本质特征。资产管理核心内容是"价值发现、价值挖掘、价值提升和价值实现的管理过程"。

不良资产与正常类资产的区别在于其具有一定的特殊性，不良是定语，主体还是资产，所以其本质上仍属于资产的基本范畴。不良资产管理的对象与通常意义所说的资产管理的内容本质上是一致的。资产管理公司是以处置不良资产为目的的特许机构，是管理特殊类型资产的公司，其目标也一定是保值增值。具体而言，不良资产管理本身的内容也是价值发现和价值实现。当然，由于不良资产本身的特殊性，资产管理在进行价值实现的过程中，更加强调对风险的识别和风险的化解。所以不良资产管理的资产管理属性的内涵可以归纳为"风险识别、风险化解、价值发现、价值实现"。

三、金融属性与资产管理属性的关系

上文分析显示，资产管理公司的内在属性具有金融属性与资产管理属性的双重特征。同时，金融属性更多是工具层面的特征，资产管理属性更具本质特征。金融属性与资产管理属性两者之间具有较强的内在联系。

资产管理公司在获得不良资产后对其进行处置，就是要通过金融工具或其他相关手段对不良资产进行价值重塑和价值挖掘，最后提升资产价值，这个过程具有资产管理的属性。无论是自身出资开展处置工作，还是为第三方进行不良资产处置，都是具有典型意义的资产管理活动。从另外一个视角来看，通常意义上的正常类资产管理，比如说信托、私募等资产管理活动在本质上也是一个发现资产价值、挖掘资产价值、提升资产价值的过程。两者的连接之处在于金融手段或者说金融思维的运用。当然这里不是说仅仅运用金融手段作为唯一工具，而是说金融工具是较为重要的方式，金融工具是金融行业通用的手段，在实务操作中还有产业思维等多种方式的运用，金融思维则是抽取出金融工具的核心思想并将其灵活运用到具体实践中。这几年较为流行的不良资产投行化处置就是这种金融工具思维的具体应用，传统投行业务通常是证券公司所特有的业务类型，这里的投行化处置就是运用投行的思维进行资源整合，高效进行资产价值提升的处置活动。

第四节 机构法律属性

通过对我国不良资产管理行业的体系属性、机构的内在属性，以及其中金融属性和资产管理属性两者之间内在联系进行阐释，能够发现不良资产管理行业属性的多面性。尽管如此，我们认为，无论是金融资产管理公司抑或是地方资产管理公司，其作为资产管理机构的机构属性应该是一样的，基于相同属性在完成相同功能时所赋予的市场地位也应该是一致的。但是，在目前的架构中，在法律层面，金融资产管理公司和地方资产管理公司被赋予了不同的机构属性：金融资产管理公司被认定为金融机构，享有金融许可证项下的相关金融性权利；地方资产管理公司则被归为非金融性企业，只是在参与批量金融不良资产的业务方面给予了相应的许可，这种局部的金融性也被习惯性称为"类金融性"。这种偏离共同的本质属性被赋予的差异化法律属性，必然影响不良资产管理行业的实际运行机制以及实际的运行实践，一定程度上是影响行业制度安排效率的重要因素。

一、资产管理公司的金融机构法律属性与类金融机构法律属性

（一）五大金融资产管理公司的金融机构法律属性

金融机构，在我国是指国务院金融管理部门监督管理的从事金融业务的机构，涵盖行业有银行、证券、保险等。2010年，中国人民银行发布了《金融机构编码规范》，从宏观层面统一了我国金融机构分类标准，首次明确了我国金融机构涵盖范围，界定了各类金融机构具体组成，规范了金融机构统计编码方式与方法。

其中，五大金融资产管理公司被归为"银行业非存款类金融机构"，具体解释为"经国务院决定设立的，收购、管理和处置金融机构、公司及其他企业（集团）不良资产，兼营金融租赁、投资银行

等业务的金融机构"。这表明金融资产管理公司与其他金融机构相同，是具有"金融牌照"的金融机构，能够享受与其他金融机构相同的政策待遇。也正是这种金融机构的法律属性，使其在开展不良资产相关业务时具有足够的政策支持，能够充分发挥功能作用，更好地实现国家赋予的使命与责任。

赋予金融资产管理公司"金融机构"的法律定位，与金融资产管理公司的内在机构属性相一致，是符合客观理论认知的，是资产管理公司金融性的体现。

（二）地方资产管理公司的类金融机构法律属性

"类金融机构"一词最早源于2017年全国第五次金融工作会议文件，根据会议文件精神，明确提出将融资租赁公司、商业保理公司、典当行、小额贷款公司、融资担保公司、地方资产管理公司、区域性股权市场、投资公司、社会众筹机构、农民专业合作社、地方各类交易场所等十一种类金融机构的监管职责归入地方金融监督管理机构。根据目前类金融机构在市场监督管理机构登记注册环节实际情况看，大部分类金融机构是需要接受省级（或直辖市级、自治区级）地方金融监督管理机构审批或备案可设立的企业或组织。

本书研究的地方资产管理公司机构的法律属性是"类金融机构"。之所以称为类金融机构，是因为与由"一行一会一总局"审批的金融机构相比，地方资产管理公司既具有金融机构的一定特征，又不同于由"一行一会一总局"审批的金融机构，其特点在于没有监管机构颁发的金融许可证。从实质上讲不属于金融机构，与其他被赋予金融机构的金融资产管理公司相比，除了监管部门和相应监管规则不同，其享有的金融性待遇也大不相同。地方资产管理公司被赋予"类金融"法律地位,其"金融性"属性的含金量弱化不少。

当然,与地方资产管理公司相比,民营和国际资产管理公司在中国不良资产市场上享有更低的"金融性"机构待遇,没有被许可参与一级市场,习惯上被称为非持牌机构。在我国的法律和监管层面,既没有对行业中的非持牌机构进行明确定义,也没有设置相应的准入门槛,处于相对松散的状态。理论上讲,是不良资产管理公司,拥有相应的金融属性和资产管理属性,在不良资产收购处置等环节发挥了重要的作用。

二、法律属性和内在属性差异的影响

法律属性与内在属性的差异主要体现在金融资产管理公司与地方资产管理公司之间。两者之间的内在属性是一致的,具备金融属性和资产管理属性,但与金融资产管理公司不同,地方资产管理公司并不持有金融牌照,属于地方金融监督管理机构的"类金融机构",实质上仍是非金融机构。与金融资产管理公司相比,地方资产管理公司在展业环境等方面存在较大差异。也正是地方资产管理公司的"类金融机构"法律属性,导致与金融资产管理公司的运行机制存在不统一的情况,市场对地方资产管理公司的认知存在一定误区,其自身运行机制也存在不完备、不清晰等问题。

对运行机制的影响主要体现在以下四个方面。一是监管规则方面,尽管近年来部分地方资产管理公司走向省外,将成熟的业务能力对外输出,有效助力当地化解区域金融风险,取得一定良好效果。但在展业区域划定上,与金融资产管理公司能够在全国收购不良资产不同，地方资产管理公司批量收购金融不良资产的资质限于本省（区、市）级行政区内或授权范围内，在省外区域和未授权范围内的业务资质与非持牌机构无异。这种制度安排是为了引导地方资产管理公司聚焦地方市场，有效发挥其在当地的资源优势，防止出现区域展业乱象。为了市场发展初期的有序性，有其安排的合理性。二是监管主体方面，金融资产管理公司与地方资产管理公司，以及各地方资产管理公司之间，存在监管主体不明确、不统一等问题。三是司法实践方面，在诉讼主体变更、继续收息、金融费率等环节，存在不完备、不统一的问题。四是市场地位方面，地方资产管理公司无法通过同业市场拆借低成本资金，也无法享受到与金融资产管理公司统一的税收政策，在融资成本、投融资渠道等方面均处于劣势。

　　通过以上分析我们能够发现，我国不良资产管理行业是金融体系中的一个子体系，天然具备金融性。行业中机构内在属性相对一致，主要包括金融属性和资产管理属性，且两者间存在密切联系。但从行业中机构的法律属性来看，法律规定中的机构法律属性与机构的内在属性之间出现异化，金融资产管理公司与地方资产管理公司被分别赋予了金融机构和类金融机构的法律属性，这也是导致运行机制出现差异的主要原因之一。下一章，本书将重点围绕不良资产管理行业的运行机制展开分析，探究这种异化的机构法律属性为运行机制带来了哪些问题与影响。

[第五章]
不良资产管理行业运行机制

我国不良资产管理行业的运行机制主要由行业生态系统、市场运行机制、监督管理安排等部分组成。行业运行机制在行业发展中逐渐趋于成熟，但由于金融资产管理公司与地方资产管理公司在法律属性上的异质性与两者在功能定位、本质属性上的同质性存在割裂的情况，行业的运行机制仍然存在一些问题，进而影响到行业功能作用的发挥。本章通过对行业生态系统、市场运行机制进行剖析，研究分析行业的监督管理安排，探究当前行业运行机制存在的主要问题。

第一节　运行机制相关理论概述

"机制"一词源于希腊文（mēchanē），最初指的是机器的构造和工作原理，现已广泛应用于自然和社会现象，指其内部组织和运行的规律，也指一个工作系统的组织或部分之间相互作用的过程和方式。

基于此，运行机制是指系统或事物进行正常运行时，各要素相互作用所遵循的规则、程序，以及这些规则、程序形成的整体秩序，它描述了一个系统或者组织是如何运行、如何协调各个部分之间的关系、如何实现其功能的。运行机制对于系统或者组织能否顺利实现其功能、实现功能的效果而言至关重要。同时，功能的实现也会受到运行机制所处环境的影响。

就行业而言，行业运行机制是指行业主体发挥功能的过程、原理及其运行方式，是指导和制约决策的基本准则及相应制度，是决定行业行为的内外因素及相互作用关系的总称。任何实践活动的开展、任何行业的发展，要想实现功能目标，都必须构建一套完善的、与行业所处发展环境相适应的运行机制来协调各主体要素之间的相互关系。

不良资产管理行业运行机制，指不良资产管理行业主体的运行规律及其相互作用关系。不良资产管理行业在一定环境下，通过运行机制实现其功能。本章重点介绍我国不良资产管理行业运行机制中的行业生态系统、市场运行机制、监督管理安排等内容。

第二节 行业生态系统

行业生态系统是指一个行业内各个环节、各个主体之间相互依存、相互影响、相互作用的关系网络。行业生态系统呈现出一个相互联系的网络结构，通过不同环节、不同主体之间的交互作用和合作，形成了一个相对稳定的生态环境。

我国不良资产管理行业经过二十多年的发展，形成了包括不良资产管理者、不良资产供给者、行业监管机构及其他相关国家机构等在内的广义生态系统。其中，行业监管机构、不良资产供给者（商业银行、非银金融机构、非金融企业等）、不良资产管理者（不良资产投资商及不良资产服务商）等主体构成核心生态系统。

不良资产管理行业监管机构主要包括中国人民银行、财政部、国家金融监督管理总局、各省级人民政府、各地方金融监督管理局等。行业监管机构通过界定行业主体属性，对行业运行机制进行顶层设计，制定并执行行业监管规则，最终推动行业功能的实现。

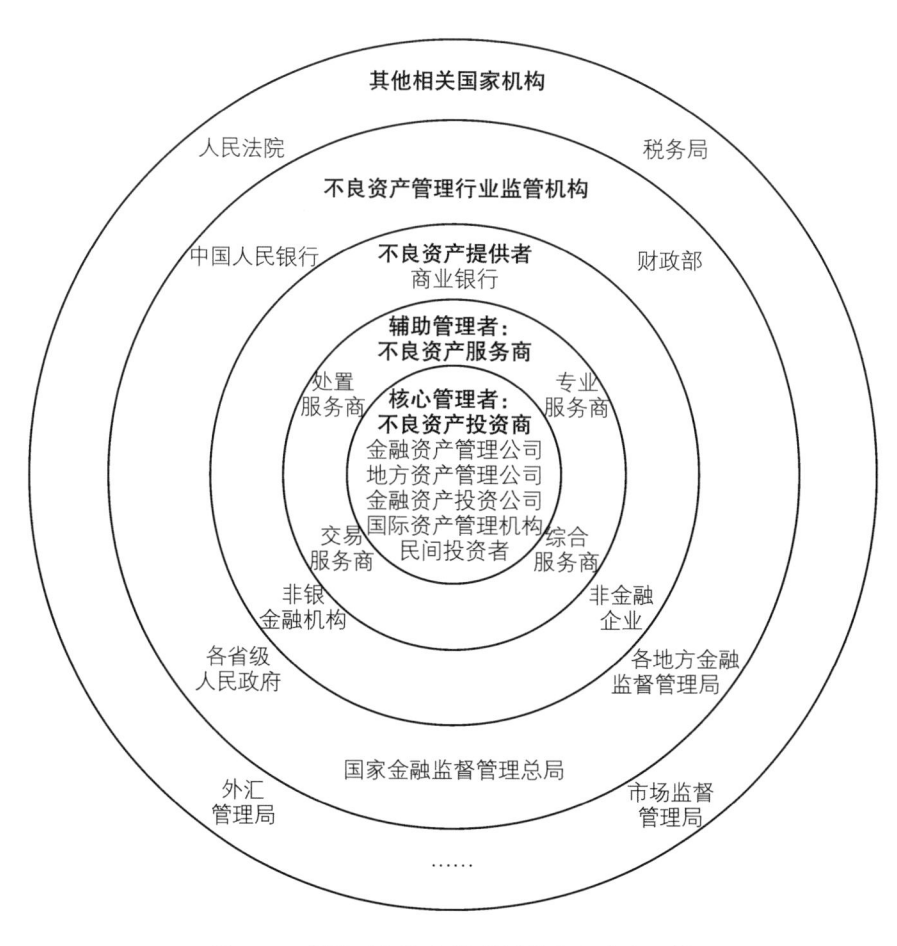

图5-1 我国不良资产管理行业广义生态系统

```
┌─────────────────────────────────────────────┐
│          不良资产管理行业监管机构              │
│  中国人民银行、财政部、国家金融监督管理总局、   │
│  各省级人民政府、各地方金融监督管理局……        │
└─────────────────────────────────────────────┘
     │①界定行业主体属性        │制定并执行行业监管规则，
     │②对行业运行机制进行顶层设计│推动行业功能实现
     ↓                        ↓
┌──────────┐         ┌──────────────────────────────────┐
│不良资产供给方│        │    不良资产需求方(不良资产管理者)      │
│          │         │ ┌──────────┐①清收  ┌──────────┐ │
│ 商业银行  │         │ │核心管理者： │②向其他 │辅助管理者：│ │
│非金融机构 │ 资产转让 │ │不良资产投资商│投商转让│不良资产服务商│ │
│非金融企业 │────────→│ │金融资产管理公司      │处置服务商 │ │
│  ……      │         │ │地方资产管理公司 提供各类│专业服务商 │ │
│          │←────────│ │金融资产投资公司 不良资产│交易服务商 │ │
│          │         │ │国际资产管理机构 管理服务│综合服务商 │ │
│          │         │ │民间投资者          │  ……      │ │
│          │         │ └──────────┘        └──────────┘ │
└──────────┘         └──────────────────────────────────┘
```

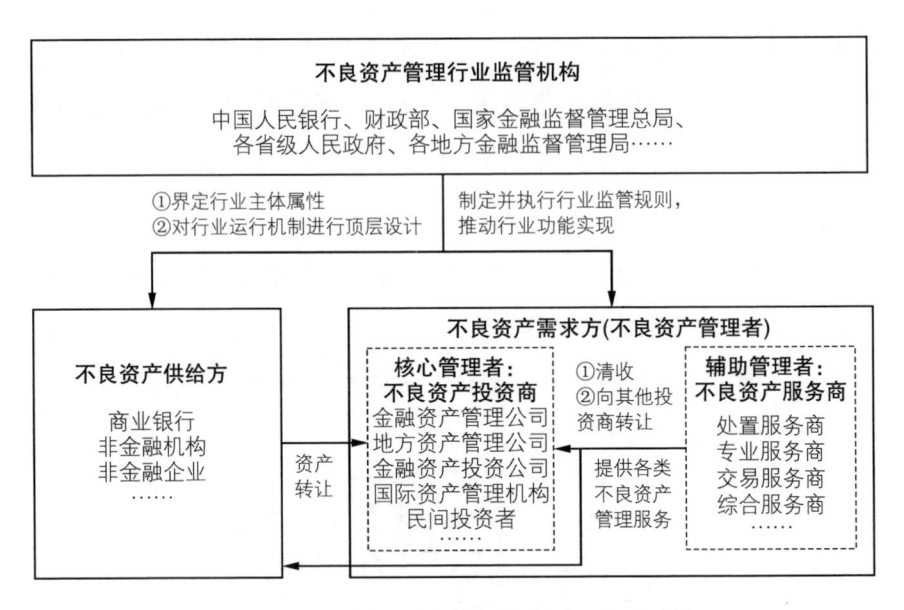

图5-2　我国不良资产管理行业核心生态系统

不良资产供应商是行业内不良资产的主要供给方，包括商业银行、非银金融机构、非金融企业等。不良资产供应商根据监管机构的要求向不良资产投资商出售不良资产，或委托不良资产服务商提供各类不良资产管理服务，处于不良资产管理行业生态系统的上游。

不良资产管理者是不良资产的主要需求方，包括不良资产核心管理者（不良资产投资商）和不良资产辅助管理者（不良资产服务商）。不良资产管理者处于行业生态系统的中下游，不良资产投资商在相关监管政策下向不良资产供应商收购不良资产，不良资产服务商向不良资产供应商、投资商提供各类不良资产管理服务。

第三节 市场运行机制

我国不良资产管理行业的市场包括一级市场、二级市场、其他市场等，经过多年发展，形成了多层次的市场运行机制。区分一级市场和二级市场的主要特征与金融不良资产批量收购业务的特许经营特征吻合，即资产管理公司（五大金融资产管理公司和地方资产管理公司）可以在一级市场向金融机构批量（3户及以上）收购金融不良资产。而其他投资机构收购不良资产主要有两种交易途径：一是从一级市场的买方手里收购金融不良资产，这类交易构成二级市场；二是向金融机构零星（单户、2户）收购金融不良资产，或者直接收购非金融不良资产，这类交易不受牌照限制，不存在一级、二级市场之分。

一、一级市场运行机制

一级市场上不良资产供给方为商业银行等金融机构，以商业银行为主。银行一般会将多户不良债权组合进行批量转让，以提高不良债权的出清效率。《关于公布云南省、海南省、湖北省、福建省、山东省、广西壮族自治区、天津市地方资产管理公司名单的通知》（银监办便函〔2017〕702号）将"批量转让"定义为金融企业对3户及以上不良资产进行组包，定向转让给资产管理公司的行为。

在不良资产一级市场，只有五大金融资产管理公司和地方资产管理公司这两类"持牌"机构可以作为批量债权包的受让方，即3户及以上的银行不良资产包只能由五大金融资产管理公司和地方资产管理公司收购。而单户资产或2户组成的资产包，其他非持牌的投资者也可收购。其中，五大金融资产管理公司可以在全国范围内参与一级市场收包，而地方资产管理公司的一级市场业务只能在获授权经营的省（区、市）开展，在非授权经营的省（区、市）不得直接从银行处批量收购不良资产。

一级市场的收购环节具体可以分为信息立项、资金储备、尽职调查、法律评估、价值评估、制定处置方案、竞价、交割共八步。首先，银行向五大金融资产管理公司和当地地方资产管理公司发邀标函，提供参拍资产的信息清单。资产管理公司综合考虑资金规模、成本等因素决定是否参与竞价。在确认资金充足后，意向收购方对资产进行尽调，收集信息后根据法律风险评估与资产价值评估制定初步的处置方案，并根据处置方案对项目整体的风险与回报进行测算，最终决定是否参与竞价以及竞拍价格阈值。资产管理公司竞得资产包后，与银行进行资产、资金及相关材料交割，完成资产收购。

二、二级市场运行机制

二级市场的供应方为从银行处受让资产包的持牌机构，而需求主体主要包括外资机构、国内民营投资者等非持牌投资者。广义的二级市场还包括非持牌投资人之间的交易市场。

作为一级市场的受让方，持牌资产管理公司出于处置效率和资金利用率的考虑，存在把债权包内部分不良资产转让给第三方的动力,这就形成了不良资产的二级市场。出于相同的考虑,二级市场的受让方也会将一些不良资产继续向下游转让。

从交易标的来看,一级市场与二级市场差别较大。一级市场交易标的是多户不良资产组成的不良资产包,而二级市场中存在较多单户或者少数几户打包的资产标的。这主要有两个原因,一是对于较易处置的不良资产,持牌资产管理公司为实现利润最大化,会自行处置而非转让给下游;二是多数非持牌机构受资金规模所限,不愿一次性收购大规模债权造成流动性风险。而二级市场的受让方愿意收购二手包甚至多手包的动力在于其深耕地方区域及相关产业,拥有成熟的地方生态圈或较强的专业能力,擅长处置特定地区、产业的资产,能够实现不良资产的价值最大化。二级市场的形成大大加强了不良资产市场的流动性。

二级市场整体交易过程与一级市场较为相似,都是由买方对资产进行尽职调查,在尽职调查的基础上进行法律风险、资产价值评估,再测算风险与收益后进行决策。

两类市场在信息立项和价格形成机制方面则有所不同。在信息立项方面,二级市场的不良资产信息源十分广泛,包括互联网交易平台,如持牌机构官方网站、资产交易所等网站,买方也可以主动向各个资产管理公司、不良资产投资机构了解是否有转让意向的资产包。在价格形成机制方面,若同一资产包有多个意向买方,则价格形成方式与一级市场相同,都是通过竞价的方式,价高者得。如若只有一个潜在买方,则价格可以通过交易双方的协商形成,但国有背景的资产管理公司出于合规要求,往往也通过公开挂牌的方式实现交易。总体而言,与一级市场相比,二级市场的信息透明度与流动性更高,市场化程度也因此较高。

三、其他市场运行机制

目前，市场上的不良资产大多为银行对公不良贷款。随着经济去杠杆的逐步推进，个人不良贷款、非金不良资产等也陆续进入市场，引起广大投资者的关注。2021年，为应对经济下行环境下银行资产质量承压的现象，原银保监会办公厅下发《关于开展不良贷款转让试点工作的通知》，允许试点银行（6家国有控股大型银行和12家全国性股份制银行）向试点资产管理公司（金融资产管理公司和符合条件的地方资产管理公司）批量转让个人不良贷款。对于个人不良贷款的收购，地方资产管理公司获监管批准后，可以不受区域限制，同五大金融资产管理公司一样在全国范围内批量收购个人不良贷款。

对于非金不良资产，监管机构一直保持谨慎态度，在有条件的情况下，先后允许五大金融资产管理公司开展非金不良资产业务。而各地方监管机构态度不一。非金不良资产多是非金融企业直接和资产管理公司对接，并未形成有效的资产流转的交易市场。

第四节 监督管理安排

经过二十多年发展，中国不良资产管理行业的监督管理安排逐渐成形。本节从行业主要监管框架、监管内容、监管分工等角度出发，对中国不良资产管理行业的监督管理安排进行介绍。

一、监管框架

目前，我国不良资产管理行业监管机构主要包括中国人民银行、财政部、国家金融监督管理总局（原银保监会）、各省级人民政府、各地方金融监管局等，监管内容主要包括行业准入、业务范围、任职资格等，一系列法律法规将监管机构、监管内容进行有机整合，形成有效衔接，共同构成我国不良资产管理行业的监管框架。

监管内容方面，我国不良资产管理行业监管机构对于金融资产管理公司、地方资产管理公司的行业准入要求，使得目前我国不良资产管理行业从主体安排角度看仍是持牌经营行业；监管下的业务范围随着宏观经济、金融市场运行和行业发展不断调整，在强调坚守主业的同时，逐步扩展至"大不良"范围。

监管分工方面，我国不良资产管理行业的监管主体分为中央和地方两个层面。在中央层面，中国人民银行从宏观角度对金融资产管理公司、地方资产管理公司及其业务进行相应监管；财政部作为部分金融资产管理公司的控股股东，在国务院授权下履行国有金融资本出资人职责；国家金融监督管理总局在原银保监会基础上组建，统一负责除证券业之外的金融业监管，强化机构监管、行为监管、功能监管、穿透式监管、持续监管。在地方层面，各省级人民政府及省级地方金融监管局分别履行地方资产管理公司监管责任及具体负责对本地区地方资产管理公司的日常监管；此外，大部分地方资产管理公司为地方国有企业，其相关经营管理行为还受到地方国资委或财政部门的监管。

二、监管内容

（一）行业准入

目前我国不良资产管理行业仍是持牌经营行业，对金融资产管理公司、地方资产管理公司等行业经营主体有准入要求。

1. 金融资产管理公司准入

金融资产管理公司的准入要求，主要包括公司设立相关要求、分支机构（分公司）设立要求等。

2000年国务院公布的《金融资产管理公司条例》规定，金融资产管理公司，是指经国务院决定设立的收购国有银行不良贷款，管理和处置因收购国有银行不良贷款形成的资产的国有独资非银行金融机构；金融资产管理公司的注册资本为人民币100亿元，由财政部核拨；金融资产管理公司由中国人民银行颁发《金融机构法人许可证》，并向工商行政管理部门依法办理登记；金融资产管理公司设立分支机构，须经财政部同意，并报中国人民银行批准，由中国人民银行颁发《金融机构营业许可证》，并向工商行政管理部门依法办理登记。2003年后，中国人民银行的前述相关监管职权由原银保监会履行。

2020年公布的《中国银保监会非银行金融机构行政许可事项实施办法》规定了金融资产管理公司申请设立分公司应当具备的条件、设立的分公司应当具备的条件，并要求金融资产管理公司筹建分公司、分公司开业应由拟设分公司所在地的国家金融监督管理总局（原银保监会）省级派出机构受理、审查并决定。

2. 地方资产管理公司准入

地方资产管理公司的准入要求，总体上经历了放宽设立数量限制、从严把握设立标准的过程。

2012年财政部、原银监会印发的《金融企业不良资产批量转让管理办法》和2013年原银监会印发的《关于地方资产管理公司开展金融企业不良资产批量收购处置业务资质认可条件等有关问题的通知》规定，各省、自治区、直辖市人民政府原则上只可设立或授权一家地方资产管理公司，参与本省（自治区、直辖市）范围内金融企业不良资产的批量收购、处置业务；核准设立或授权文件同时抄送财政部和原银监会；鼓励民间资本投资入股地方资产管理公司。

2016年原银监会印发《关于适当调整地方资产管理公司有关政策的函》，放宽《金融企业不良资产批量转让管理办法》关于各省级人民政府原则上可设立一家地方资产管理公司的限制，允许确有意愿的省级人民政府增设一家地方资产管理公司；省级人民政府增设一家地方资产管理公司，应当按照《关于地方资产管理公司开展金融企业不良资产批量收购处置业务资质认可条件等有关问题的通知》规定的条件执行，并报原银监会公布。

2019年7月，原银保监会印发《关于加强地方资产管理公司监督管理工作的通知》，提出严格标准，把好市场入口和市场出口两道关。具体而言，各省（区、市）人民政府地方金融监管部门应严格遵守有关规定，对地方资产管理公司的设立从严把握，并对公司设立的可行性与必要性进行全方位论证，论证报告及相关材料报送银保监会。事实上，原银监会批准地方资产管理公司集中在2015年下半年至2017年上半年的两年间，共批准了53家中的31家，而后自2018年3月批准5家地方资产管理公司后时隔一年半，才于2019年

10月新批地方资产管理公司。2023年8月，国家金融监督管理总局办公厅批复同意深圳资产管理有限公司在广东省内开展金融企业不良资产批量收购业务，至此，广东省内地方资产管理公司数量增至4家，全国范围内地方资产管理公司数量增至60家。

（二）业务范围

我国不良资产管理行业的总体业务范围，随着宏观经济、金融市场运行和行业发展不断调整，在强调坚守主业的同时，逐步扩展至"大不良"范围，这是行业主体业务范围统一的发展趋势。但目前不同类型行业主体之间的业务范围也存在不统一的情况，主要表现在以下几个方面：一是持牌资产管理公司批量收购金融不良资产的范围不同，金融资产管理公司可以在全国范围内批量收购金融不良资产，而地方资产管理公司只能在本省（区、市）范围内批量收购金融不良资产；二是"大不良"范围有所区别，部分监管规则针对金融资产管理公司拓展了业务范围（如可批量收购实质性违约的部分正常类和关注类贷款），而地方资产管理公司的业务范围则不包括上述内容；三是持牌资产管理公司和非持牌机构的不同，即能否批量收购金融不良资产，此处不再赘述。以下主要介绍在我国不良资产管理行业监督管理安排下，金融资产管理公司和地方资产管理公司的业务范围。

1. 金融资产管理公司业务范围

随着我国不良资产管理行业的发展，金融资产管理公司的业务范围从政策性收购处置金融机构不良资产，拓展至商业化业务、非金融机构不良资产业务、个人不良贷款业务等，具体业务模式也随监管要求发生变化。

根据国务院于2000年11月公布的《金融资产管理公司条例》，金融资产管理公司在其收购的国有银行不良贷款范围内，管理和处置因收购国有银行不良贷款形成的资产时，可以从事下列业务活动：（1）追偿债务；（2）对所收购的不良贷款形成的资产进行租赁或者以其他形式转让、重组；（3）债权转股权，并对企业阶段性持股；（4）资产管理范围内公司的上市推荐及债券、股票承销；（5）发行金融债券，向金融机构借款；（6）财务及法律咨询，资产及项目评估；（7）中国人民银行、中国证券监督管理委员会批准的其他业务活动。此外，金融资产管理公司可以向中国人民银行申请再贷款。该条例所规定的业务范围符合当时资产管理行业的发展阶段及环境，随着行业不断发展，金融资产管理公司的业务范围也在逐渐发生变化。

2004年《财政部关于印发金融资产管理公司有关业务风险管理办法的通知》（财金〔2004〕40号）规定，金融资产管理公司可以开展投资业务、委托代理业务和商业化收购业务，遵照其附件《金融资产管理公司投资业务风险管理办法》《金融资产管理公司委托代理业务风险管理办法》《金融资产管理公司商业化收购业务风险管理办法》执行。

2015年财政部、原银监会印发的《金融资产管理公司开展非金融机构不良资产业务管理办法》（财金〔2015〕56号）进一步拓展了金融资产管理公司的业务范围，允许金融资产管理公司通过收购、投资、受托管理，以及其他经监管部门认可的方式，开展非金融机构不良资产业务。

2021年，原银保监会办公厅印发了《关于开展不良贷款转让试点工作的通知》，正式开展单户对公不良贷款转让和个人不良贷款批量转让试点，并将纳入不良分类的个人消费贷、信用卡透支、个人经营贷纳入转让范围[①]。

根据原银保监会办公厅于2022年印发的《关于引导金融资产管理公司聚焦主业　积极参与中小金融机构改革化险的指导意见》（银保监办发〔2022〕62号），金融资产管理公司可收购债权范围突破了原有五级分类的限制，更加关注债务人的综合资信情况和债权实际履行情况，可视为收购标准由五级分类转换为实质性违约，部分五级分类为正常类和关注类贷款纳入可批量转让范围。此外，该文鼓励金融资产管理公司接受金融监管部门、地方政府的委托，通过提供市场化估值定价、方案设计、顾问咨询等技术支持，履行受托管理职责，以轻资产方式积极参与地方中小金融机构风险化解。

2.地方资产管理公司业务范围

地方资产管理公司的业务范围，经历了不良资产处置方式、对外转让范围等变化，在业务负面清单方面也逐步向金融资产管理公司靠拢。对于地方资产管理公司的业务范围，"地方"二字即区域性始终是行业讨论的重点。

2012年、2013年相继印发的《金融企业不良资产批量转让管理办法》和《关于地方资产管理公司开展金融企业不良资产批量收购处置业务资质认可条件等有关问题的通知》规定，地方资产管理公司购入的不良资产应当采取债务重组的方式进行处置，不得对外转让。

原银监会于2016年印发的《关于适当调整地方资产管理公司有

[①]《关于开展不良贷款转让试点工作的通知》中对业务范围的规定同样适用于地方资产管理公司。

关政策的函》则放宽了《金融企业不良资产批量转让管理办法》关于地方资产管理公司收购的不良资产不得对外转让，只能进行债务重组的限制，允许以债务重组，对外转让等方式处置不良资产，对外转让的受让主体不受地域限制。

2019年，原银保监会办公厅印发《关于加强地方资产管理公司监督管理工作的通知》，要求地方资产管理公司应坚持依法合规、稳健经营，以市场化方式、法治化原则、专业化手段开展不良资产收购处置业务，以防范和化解区域金融风险、维护经济金融秩序、支持实体经济发展为主要经营目标。地方资产管理公司收购处置的不良资产应当符合真实、有效等条件，通过评估或估值程序进行市场公允定价，实现资产和风险的真实、完全转移。不得与转让方在转让合同等正式法律文件之外签订或达成影响资产和风险真实完全转移的改变交易结构、风险承担主体及相关权益转移过程的协议或约定，不得设置任何显性或隐性的回购条款，不得以任何形式帮助金融企业虚假出表掩盖不良资产，不得以收购不良资产名义为企业或项目提供融资，不得收购无实际对应资产和无真实交易背景的债权资产，不得向股东或关系人输送非法利益，不得以暴力或其他非法手段进行清收。地方资产管理公司不得收购经国务院批准列入全国企业政策性关闭破产计划的资产、国防军工等涉及国家安全和敏感信息的资产、在借款合同或担保合同中有限制转让条款的资产以及国家法律法规限制转让的其他资产。支持地方资产管理公司探索拓展主营业务模式，积极参与地方非银行金融机构、非存款类放贷组织等机构不良资产的收购与处置工作，协助地方政府有效防控区域金融风险，服务地方实体经济，更好地支持金融供给侧结构性改革。

2021年12月，中国人民银行就《地方金融监督管理条例（草案征求意见稿）》公开征求意见，将地方资产管理公司列为"地方金融组织"，并规定"地方金融组织应当坚持服务本地原则，在地方金融监督管理部门批准的区域范围内经营业务，原则上不得跨省级行政区域开展业务。地方金融组织跨省开展业务的规则由国务院或授权国务院金融监督管理部门制定"。征求意见稿对地方资产管理公司跨省展业作出了限制，也引发了行业内的广泛讨论，后续正式出台文件如何表述、如何落地仍有待观察。

（三）任职资格

《中国银保监会非银行金融机构行政许可事项实施办法》对包括金融资产管理公司在内的非银行金融机构董事和高级管理人员任职资格许可进行了规范，主要包括任职资格条件和任职资格许可程序两方面。对于地方资产管理公司高级管理人员等任职资格的要求，则散见于各地针对地方资产管理公司的相关监管办法、监管工作指引、加强监管工作的通知等。相比之下，对金融资产管理公司的董事和高级管理人员任职资格的要求更为细致、统一，对地方资产管理公司董事和高级管理人员的认任职资格要求则相对笼统、因地区不同而有区别。

1. 任职资格条件

《中国银保监会非银行金融机构行政许可事项实施办法》规定，非银行金融机构董事会成员、高级管理人员，金融资产管理公司财务、内审部门负责人，分公司高级管理人员须经任职资格许可。金融资产管理公司境外全资附属或控股金融机构从境内聘任的董事长、副董事长、总经理、副总经理、总经理助理，不需申请核准任职资格，应当在任职后5日内向监管机构报告。实施办法还对申请非银行金融机构董事和高级管理人员任职资格，拟任人应当具备的基本条件进行了规定，并对不符合相关条件（具有良好的守法合规记录，具有良好的品行、声誉，具有良好的经济、金融从业记录，个人及家庭财务稳健，具有担任拟任职务所需的独立性）的情形进行了说明，提出了拟任人申请董事、独立董事、董事长、副董事长、高级管理人员（法人机构、子公司或分公司）应当具备的其他条件。

地方资产管理公司的董事、高级管理人员等任职条件则因地方而异，体现了地方资产管理公司监管主体不统一导致的监管规则不统一。例如，《江西省地方资产管理公司监管试行办法》（赣金发〔2017〕8号）、《上海市地方资产管理公司监督管理暂行办法》（沪金规〔2020〕2号）等对地方资产管理公司董事、高级管理人员提出了学历、专业、从业经验等详细的任职条件；而《山东省地方资产管理公司监管暂行办法》（鲁金办字〔2016〕152号）、《广西壮族自治区地方资产管理公司监督管理指引（试行）》（桂金监贰〔2021〕7号）等监管政策则规定，地方资产管理公司设立，应当有具备任职专业知识和业务工作经验的董事、高级管理人员，未对任职要求进行细化。

2. 任职资格许可程序

金融资产管理公司及其境外全资附属或控股金融机构申请核准董事和高级管理人员任职资格，由金融资产管理公司向国家金融监督管理总局（原银保监会）提交申请，国家金融监督管理总局（原银保监会）受理、审查并决定。非银行金融机构分公司申请核准高级管理人员任职资格，由其法人机构向分公司地市级派出机构或所在地省级派出机构提交申请，地市级派出机构或省级派出机构受理并初步审查、省级派出机构审查并决定。

非银行金融机构或其境内分支机构设立时,董事和高级管理人员的任职资格申请,按照该机构开业的许可程序一并受理、审查并决定。具有董事、高级管理人员任职资格且未连续中断任职1年以上的拟任人在同一法人机构内以及在同质同类机构间,同类性质平级调动职务(平级兼任)或改任(兼任)较低职务的,不需重新申请核准任职资格。拟任人应当在任职后5日内向国家金融监督管理总局(原银保监会)或任职机构所在地国家金融监督管理总局(原银保监会)派出机构报告。

三、监管分工

我国不良资产管理行业的具体监管分工主要可以分为主体监管、业务监管、主体与业务兼而有之的综合监管三类。其中,主体监管针对金融资产管理公司和地方资产管理公司两类主体分别进行监管;业务监管针对两类资产管理公司开展的业务进行监管,目前监管内容以金融资产管理公司相关业务为主;综合监管从我国不良资产管理行业的功能出发,以宏观视角进行管理,同时覆盖金融资产管理公司和地方资产管理公司,对两类主体不做特地区分。

(一)主体监管

主体监管(机构监管)主要针对市场主体本身。例如财政部作为部分金融资产管理公司的控股股东,在国务院授权下履行国有金融资本出资人职责,根据《金融资产管理公司条例》等对五大金融资产管理公司进行监管;各省级人民政府及省级地方金融监管局作为各省级国家权力机关的执行机关、省级国家行政机关及地方金融监管部门，根据《中国银保监会办公厅关于加强地方资产管理公司监督管理工作的通知》等分别履行地方资产管理公司监管责任及具体负责对本地区地方资产管理公司的日常监管。此外，大部分地方资产管理公司为地方国有企业，其相关经营管理行为还受到地方国资委的监管，具体参照国资监管要求，此处不展开阐述。主体监管也会涉及一部分业务内容，但主要仍是基于对市场主体的监管而衍生出的业务要求。

（二）业务监管

业务监管（功能监管）主要针对市场主体开展的各类业务。例如国家金融监督管理总局（原银保监会）作为我国银行业和保险业的主要监管机构，针对我国不良资产管理行业出台了一系列监管政策，对行业中的商业银行（主要由大型银行部、股份制银行部等各类银行部和银行检查局承担监管职能）、金融资产管理公司（主要由非银部、非银检查局承担监管职能）、地方资产管理公司（主要由普惠金融部承担监管职能）等主体开展不良资产相关业务进行监管。业务监管也会涉及一部分主体要求，但主要仍是对市场主体开展相关业务所需具备的条件进行规范。

（三）综合监管

综合监管兼顾主体监管和业务监管，主要是从顶层设计、宏观视角进行监督管理。例如国务院作为我国最高国家权力机关的执行机关、最高国家行政机关，从顶层设计的高度于1999年决定设立金融资产管理公司，制定《金融资产管理公司条例》并进行相应监管；中国人民银行作为我国的中央银行，制定和执行货币政策、宏观审慎政策，防范和化解金融风险，维护金融稳定，从宏观视角对金融资产管理公司、地方资产管理公司及其业务进行相应监管。此外，监管机构之间的协同也体现了综合监管的逻辑，例如各省级人民政府地方金融监管部门加强与国家金融监督管理总局（原银保监会）派出机构的沟通协调，建立地方资产管理公司监管信息共享机制；国家金融监督管理总局（原银保监会）与财政部、中国人民银行、证监会等监管机构和主管部门加强监管合作和信息共享，协调实现金融资产管理公司集团范围的全面、有效监管。

第五节　运行机制存在的问题

上文对我国不良资产管理行业的行业生态系统、市场运行机制、监督管理安排进行了剖析，使我们能够从宏观和微观的视角全面理解我国不良资产管理行业的运行机制，也能够从中发现一些当前行业运行制度中存在的问题。本节将从监管主体、监管规则、司法实践、市场地位这四个方面对行业存在的运行问题进行分析。

一、监管规则存在的问题

（一）监管框架的不完备性

我国不良资产管理行业在监管规则上存在的问题本质上是企业被赋予不同的法律属性所导致的。依据《金融资产管理公司条例》

中的相关规定，金融资产管理公司明确属于非银行金融机构，且具有原银保监会核发的金融许可证。现有的制度表明，金融资产管理公司具有全流程、立体化的监管，监管标准和监管措施都较为明确。而地方资产管理公司尽管由原银保监会授予业务资质，但根据2017年全国第五次金融工作会议文件精神，地方资产管理公司属于地方金融组织，在法律属性上为"类金融机构"。与金融资产管理公司相比，并不具有金融机构的地位，也未拥有金融许可证，导致地方资产管理公司尚未形成较为完备的监管规则。可见，金融资产管理公司和地方资产管理公司在法律属性上的差异导致我国不良资产管理行业在监管框架上存在不完备性。

（二）监管规则的不明确性

在实践中，监管框架的不完备性在一定程度上造成了监管规则的不明确性。根据《中国银保监会办公厅关于加强地方资产管理公司监督管理工作的通知》，各省级人民政府履行对地方资产管理公司的监管责任，各地方金融监管部门具体负责对本区域地方资产管理公司的日常监管。但受制于顶层监管框架的不完备性，在实际监管过程中的某些方面没有明确的监管标准和监管规则可以遵循。近年来，一些省级人民政府及其辖区的地方金融监管部门相继出台针对地方资产管理公司的监管办法（或征求意见稿），但仍有超过半数以上的省级行政区并未出台相应监管办法，因此对地方资产管理公司的监管往往处于"无规可循"的状态。

此外，原银保监会针对不良资产管理行业的监管规定，在地方资产管理公司适用性方面往往存在不明确的情况。以原银保监会《关于引导金融资产管理公司聚焦主业积极参与中小金融机构改革化险的指导意见》为例，指导意见中收购债权范围的扩大和相关政策支持仅以金融资产管理公司为适用对象，对地方资产管理公司的适用性没有提及，尽管从该文件的内容看，是符合地方资产管理公司的业务定位的。据不完全统计，近年来除《关于规范金融资产管理公司不良资产收购业务的通知》（银监办发〔2016〕56号）、《关于做好当前金融支持房地产市场平稳健康发展工作的通知》（银发〔2022〕254号）、《关于开展不良贷款转让试点工作的通知》等部分监管文件之外，原银保监会对于不良资产管理行业的监管规定在地方资产管理公司的适用性方面均缺乏明确的表述。

  监管规则的不明确性同时也体现在展业区域方面。如前文所述，我国不良资产管理行业的市场包括一级市场和二级市场。对于一级市场，监管规则对于展业区域有着明确的界定，根据《金融企业不良资产批量转让管理办法》，地方资产管理公司只可参与本省（自治区、直辖市）范围内金融企业不良资产的批量转让。而金融资产管理公司则不受此限制，可以在全国范围展业，开展金融机构不良资产的收购。而监管规则对于二级市场的展业区域则没有相应明确的规定，以至于业界、学界、监管部门的看法存在很大分歧。以《地方资产管理公司监督管理暂行办法（征求意见稿）》为例，其规定地方资产管理公司仅可开展本省（自治区、直辖市）范围内的金融机构不良资产业务，但上述对于跨省展业的限制却又未明确是否适用于对公批量转让的不良二级市场。在目前行业的实践中，监管层并未对资产管理机构进入省外市场二级市场进行外部限制，部分地方资产管理公司广泛活跃在省外的二级市场，有效推动了当地不良资产市场生态体系的构建，激发了多个地区的市场活力，为省外不良资产市场的发展和金融风险的化解同样作出了一定的贡献。事实上，二级市场本来不是许可市场,没有许可的民营资本和国际资本在跨区域展业上都不受限制,限制地方资产管理公司跨区域展业既不合理,也不利于市场有效性的发挥。没有文件明确,势必造成行业内各界认识上的不统一,给业界带来困惑,对行业发展造成不利影响。

(三)监管规则的不统一性

从具体操作层面看,监管框架的不完备和监管规则的不明确又进一步导致我国不良资产管理行业的监管规则存在显著的不统一。在实践中,这种不统一存在于行业监管的许多方面,除了前文提到的地方资产管理公司之间董事、高级管理人员任职条件的不统一,还体现在主业规则、监管指标及信息披露、业务范围等方面。

第一,聚焦主业规则的不统一。近年来,无论是金融资产管理公司还是地方资产管理公司都存在回归主业的导向。如原银保监会发布的《关于开展"巩固治乱象成果 促进合规建设"工作的通知》就要求金融资产管理公司聚焦不良资产主业,剥离非不良资产相关业务,但并未对金融资产管理公司提出相关的量化指标。而对于地方资产管理公司,《地方资产管理公司监督管理暂行办法(征求意见稿)》则明确提出地方资产管理公司每年新增投资额中,主营业务投资额占比应不低于50%,收购金融机构不良资产投资额占比应不低于25%。尽管《地方资产管理公司监督管理暂行办法》只完成了意见征求尚未正式公布实施,但一些地方金融监管部门已开始按照征求意见稿的精神要求其辖区内的地方资产管理公司遵循关于新增投资额的相关规定,以此为依据对地方资产管理公司进行监管。

从目前银行业不良资产的转让情况来看,对外转让的规模占比呈现出逐年下滑的态势,根据原银保监会及浙商资产研究院的统计数据，已从2017年的30.1%降至2022年的12.9%，在部分欠发达地区每年出包更为稀少。同时，多家银行成立了专门的不良资产清收部门，加大了自主清收力度，使得不良资产市场供给进一步收缩，这导致大部分地方资产管理公司可能无法完成有些地区规定的主业监管要求。另一方面，部分省份的地方资产管理公司由于区域特点、发展历史的差异，其非金融类不良资产的业务占比远超于金融类不良资产，个别地方资产管理公司的非金不良资产业务占比甚至超过80%。因此，对地方资产管理公司主营业务占比和收购金融机构不良资产占比的量化要求忽视了目前不良资产一级市场的转让情况，使得区域市场不活跃的地方资产管理公司将面临巨大的监管压力。

第二，在监管指标及信息披露制度层面，金融资产管理公司与地方资产管理公司也存在监管规则不统一情况。根据《金融资产管理公司资本管理办法（试行）》（银监发〔2017〕56号），金融资产管理公司在核心一级资本充足率、一级资本充足率、资本充足率、杠杆率、超额资本等资本监管指标上有着明确的要求，如核心一级资本充足率不得低于9%、资本充足率不得低于12.5%等，形成了完善的资本计量和监管规则体系，并要求上述相关信息每半年披露一次。对于地方资产管理公司，尽管原银保监会在《关于加强地方资产管理公司监督管理工作的通知》中明确要求地方资产管理公司建立完善的信息披露制度，但对具体指标未作出明确的规定，也未提出清晰的量化要求。部分省份的地方金融监管部门根据自身的认识，制订了各自的监管要求和标准，在有些方面呈现出较大的差异。

举例而言，根据江西省政府金融办于2017年发布的《江西省地方资产管理公司监管试行办法》，其对省内地方资产管理公司的资本充足率的要求与金融资产管理公司的一致，均为12.5%。而北京市地方金融监督管理局于2020年印发的《北京市地方资产管理公司监督管理指引（试行）》（京金融〔2020〕69号）则对北京市地方资产管理公司核心一级资本充足率作出不得低于9%的规定，但并未对资本充足率做出要求。从上面的例子我们可以看到，不同地方之间对资本指标的监管要求存在明显的差异，这种差异会导致不同地区的地方资产管理公司的运营管理成本不同，不利于行业整体公平性的建立。此外，我们也可以发现有些地方金融监管部门存在简单地以金融资产管理公司的监管标准要求地方资产管理公司的情况，忽略了地方资产管理公司在资本实力、融资渠道等方面与金融资产管理公司存在重大区别的现状。值得注意的是，《北京市地方资产管理公司监督管理指引（试行）》在印发一年之后，又于2021年废止。我们不难发现，由于缺乏统一的监管框架，各地方金融监管部门在监管实践中存在无所适从或朝令夕改的现象，这在一定程度上增加了地方资产管理公司的运营成本。

第三，业务范围的不统一。大部分地方资产管理公司作为国有企业，除了受到地方金融监管部门的日常监管外，地方国资委和财政部门通常还作为出资股东对地方资产管理公司进行管理和监督。地方财政部门以提升属地的财政收入为主要目标，一般更关注地方资产管理公司的发展规模和速度。而地方国资委以实现国有资产的保值增值为主要目标，一般更关注地方资产管理公司的经营风险。监管思路的差异导致不同背景的地方资产管理公司存在业务范围不统一的情况。财政部门所属的地方资产管理公司通常在业务范围上更具弹性，可以灵活开展风险投资、私募股权、定向增发等股权投资业务，不良资产收购处置业务在总业务中的占比往往较低。部分具有财政背景的地方资产管理公司近年来甚至将股权投资作为主要业务方向。而地方国资委对所属的地方资产管理公司在业务范围上有着严格的限制，通常不允许参与非不良类的股权投资业务，不良资产收购处置业务在总业务中的占比相对较高。

这种业务范围的不统一导致不同背景的地方资产管理公司在盈利模式和风险偏好上存在较大差异。相应的，对其风险、业务等方面的监管要求也必然会存在不统一性。为了促进行业的规范发展，需要形成更加一致的行业认知，创造公平的竞争环境，坚守相同的业务定位，控制好行业的发展风险，保障行业的整体健康发展。

二、监管主体存在的问题

在监管主体方面，金融资产管理公司与地方资产管理公司之间、各地方资产管理公司之间的监管主体均存在较大区别，各家资产管理公司面对的监管思路、监管风格、监管执行尺度等有所不同，导致行业主体面对的监管环境不统一。同时，监管主体不统一也是导致前述监管规则不统一的原因之一。

（一）金融资产管理公司与地方资产管理公司的监管主体不统一

根据我国目前的金融监管框架，对金融资产管理公司进行监管的主体主要包括中国人民银行、财政部、国家金融监督管理总局（原银保监会）等，同时因金融资产管理公司仍持有其他金融牌照[①]、开

---

① 根据监管部门对金融资产管理公司逐步退出非主业的要求，四大金融资产管理公司正在有序推进相关金融牌照子公司股权转让工作。目前，部分金融资产管理公司仍持有银行、证券、期货、信托、金融租赁等金融牌照。

展其他相关金融业务，国家外汇管理局、证监会、发展改革委等机构也对其进行监管。

对地方资产管理公司进行监管的主体则主要包括国家金融监督管理总局（原银保监会）、各省级人民政府及省级地方金融监督管理局等；此外，大部分地方资产管理公司属于地方国有企业，其日常经营管理行为还受到地方国资委、地方财政部门等相关地方政府机构的监管。

由此可见，金融资产管理公司的监管主体以中央层面为主，地方资产管理公司的监管主体以地方层面为主，除共同接受国家金融监督管理总局（原银保监会）监管以外[①]，两类资产管理公司的监管主体基本没有重叠，导致各自所接受的监管存在较大差异。

（二）各地方资产管理公司的监管主体不统一

按照《关于加强地方资产管理公司监督管理工作的通知》规定，原银保监会负责制定地方资产管理公司的监管规则；各省（区、市）人民政府履行地方资产管理公司监管责任；各地方金融监管部门具体负责对本地区地方资产管理公司的日常监管，具体包括地方资产管理公司的设立、变更、终止、风险防范和处置等工作，并督促地方资产管理公司严格遵守相关法律法规和监管规则。

根据上述监管框架，地方资产管理公司的监管责任主要在各省级地方政府，日常直接监管部门主要是各地方金融监管局。而60家地方资产管理公司分布于我国31个省级行政区，区域经济发展水

[①] 根据《国务院机构改革方案》（2023年），国家金融监督管理总局统一负责除证券业之外的金融业监管，强化机构监管、行为监管、功能监管、穿透式监管、持续监管。

平、金融监管思路等的差异导致各家地方资产管理公司发展面临的监管环境存在不同程度的差别。目前，山东、江西、青海、上海、广西、浙江、河南等地陆续出台了针对地方资产管理公司的相关监管办法或监管工作指引或加强监管工作的通知等[①]，大部分省（区、市）也已制定出台区域性地方金融（监督管理）条例或正在进行立法调研和征求意见，规范对象为包括地方资产管理公司在内的地方金融组织。

因此，虽然各地的地方资产管理公司的专业监管主体类型方面的规定是一致的，但各地的专业监管机构毕竟是不同的，由于缺乏顶层的制度规范，各区域监管部门针对本地所制定的监管政策也是不同的。实质的结果是专业监管主体的不统一。同时，由于各地资产管理公司的出身不同，有财政背景，有国资背景，也有民营背景，所面临的股东方面的监管要求也不同。可见，在地方资产管理公司的范围内，各类监管主体实际上是不同的，结果是相关的监管要求、监管的强度等监管环境存在较大的差异。

三、司法实践存在的问题

良好的司法制度体系是企业发展的动力之一。我国金融资产管理公司成立以来，以《金融资产管理公司条例》为首，二十多年来

---

① 如《山东省地方资产管理公司监管暂行办法》《江西省地方资产管理公司监管试行办法》《青海省地方资产管理公司监管工作指引》《上海市地方资产管理公司监督管理暂行办法》《广西壮族自治区地方资产管理公司监督管理指引（试行）》《浙江省地方金融监管局关于加强地方资产管理公司监督管理工作的通知》《河南省地方金融监督管理局关于加强地方资产管理公司监管工作的若干意见》。

中央针对其运营与展业过程中各环节具体问题出台了40多份行政法规和部门规章以及10多部有关司法解释。在监管部门强有力的法律支持之下，金融资产管理公司清收处置不良资产的过程中收获了诸多便利。而地方资产管理公司作为类金融机构，与金融资产管理公司相比虽然业务领域和模式基本相同，但在司法制度的完善程度、支持匹配上与后者相差巨大，这在一定程度上对地方资产管理公司发展造成了不利影响。

（一）制度体系的不完备

1. 地方资产管理公司专项监管文件缺位

目前，地方资产管理公司的整体监管框架尚未构建完成，虽然存在一些区域性监管政策，但是超过半数的省（区、市）并未出台相应监管措施。从操作层面看，各省（区、市）地方监管政策普遍更加着重日常监管，仅有个别省份出台了税收优惠、司法处置等方面的鼓励性措施，各个区域存在不平等。随着全国信息化程度的提升、各地司法环境的逐步改善，不良资产跨区域处置趋势愈加明显，政策的条块分割很可能导致资源的不合理聚集，阻滞资产良性流动。地方资产管理公司在跨区域展业中可能面临诸如资本充足率要求、税收政策支持差异化等情况，影响企业开展相关资产处置业务。

2021年，原银保监会起草了《地方资产管理公司监督管理暂行办法（征求意见稿）》，广泛征求意见，征求意见稿中对地方资产管理公司的设立流程、经营范围、禁止性规定等方面作出了较为细化的要求，有力弥补了地方资产管理公司专项监管文件的缺位。但征求意见稿重申了地方资产管理公司开展收购、经营、管理、处置金融机构不良资产，以及受托经营、管理、处置金融机构不良资产等业务，应仅限于本省、自治区、直辖市、计划单列市范围内的要求，这一规定对于当前部分头部地方资产管理公司在全国范围展业将产生一定的冲击。从当前实践来看，部分头部地方资产管理公司为全国范围内的困境企业输送了重要血液，可以发挥资源的优势互补作用、扩大风险化解区域。对于这一方面，我们认为宜疏不宜堵。构建一个良性有序监管的全国性市场，协调不同参与主体的运行层级和范围，有利于最大限度发挥金融资产管理公司和地方资产管理公司防范和化解金融风险、维护经济金融秩序、支持实体经济发展的作用。

2.《十二条司法解释》废止问题

最高人民法院于2001年4月11日颁布了《关于审理涉及金融资产管理公司收购、管理、处置国有银行不良贷款形成的资产的案件适用法律若干问题的规定》（以下称"《十二条司法解释》"），并于2005年5月30日发布了补充通知。《十二条司法解释》包含金融资产管理公司在受让国有银行的不良资产后的各项主要权利，其中，实体性权利方面包括最高额债权的转让、利息收取和原抵押登记的有效性，程序性权利方面包括诉讼主体资格的适格性、原约定管辖的继续有效性、转让通知和公告中断诉讼时效的效力。因此，《十二条司法解释》为金融资产管理公司在司法实践中的"特权"提供了重要保障。

2020年12月29日，最高人民法院公布《最高人民法院关于废止部分司法解释及相关规范性文件的决定》，自2021年1月1日起废止包括《十二条司法解释》在内的116件司法解释及相关规范性文件。在现行法律框架的运作下，《十二条司法解释》废止对不良资产交易存在一定的影响。最高人民法院在废止《十二条司法解释》时，未明确与之相关的文件的适用性。在《十二条司法解释》被废止以及十二条解释相关文件部分内容无法继续适用的情况下，金融资产管理公司在司法实践中运行已久的"特权"规则是否可以得到全面延续，可能存在一定的挑战。

我们认为，《民法典》《民事诉讼法》《最高人民法院关于人民法院办理财产保全案件若干问题的规定》等规定在一定程度上重述了《十二条司法解释》和十二条解释相关文件项下的部分规定。但是，对于《十二条司法解释》《十二条解释答复》和《最高人民法院关于审理涉及金融不良债权转让案件工作座谈会纪要》第十一条明确规定的原债权银行和金融资产管理公司可以通过发布债权转让暨债务催收联合公告的方式履行债权转让通知义务并达到中断诉讼时效或主张权利的效果，在前述规定无法适用后，联合公告所能产生的法律后果和实际效果将具有较大不确定性。这一制度缺失亟须新的监管文件进行补足，在当前空档期内，需要重点关注原债权银行和金融资产管理公司能否继续通过发布联合公告的方式履行债权转让通知义务并中断诉讼时效或主张权利。

（二）司法实践的不统一

1. 诉讼主体变更问题

《最高人民法院关于金融资产管理公司收购、处置银行不良资产有关问题的补充通知》（法〔2005〕62号）第3项规定："金融资产管理公司转让、处置已经涉及诉讼、执行或者破产等程序的不良债权时，人民法院应当根据债权转让协议和转让人或者受让人的申请，裁定变更诉讼或者执行主体。"最高人民法院印发《〈关于审理涉及金融不良债权转让案件工作座谈会纪要〉的通知》第10项指出："金融资产管理公司转让已经涉及诉讼、执行或者破产等程序的不良债权的，人民法院应当根据债权转让合同以及受让人或者转让人的申请，裁定变更诉讼主体或者执行主体。"从上述相关规定可以看出，针对金融资产管理案件适用诉讼承继原则，但对于金融不良债权多次转让后，其他普通受让人是否适用上述规定，法律并没有明确规定。在不良资产诉讼实务中，对于受让人是金融资产管理公司还是地方资产管理公司或其他主体，存在较为明显的"差别待遇"，更多法院倾向于不予准许地方资产管理公司或其他主体变更诉讼主体，此种情形下，地方资产管理公司只能以原债权人名义继续诉讼，在诉讼过程中需要原债权人的持续配合，不利于高效维护债权利益。

2. 继续收息问题

最高院发布的《最高人民法院关于审理涉及金融不良债权转让案件工作座谈会纪要》（法发〔2009〕19号，以下简称《海南纪要》）第九项中规定"受让人向国有企业债务人主张不良债权受让日之后发生的利息的，人民法院不予支持"，第十二条规定"受让人是指非金融资产管理公司法人、自然人"。此外，《最高人民法院关于如何理解最高人民法院法发〔2009〕19号〈会议纪要〉若干问题的请示之答复》规定"涉及非国有企业债务人的金融不良债权转让纠纷案件，亦应参照适用上述纪要的规定。"由此，司法实践中四大金融资产管理公司与地方资产管理公司在不良债权受让日之后是否可继续收息的问题上存在不同的司法待遇。

对于四大金融资产管理公司来说，其在债权转让后继续收取利息的行为不会受制于《海南纪要》第九项的规定。但是在大部分司法案例中，地方资产管理公司在受让债权后，主张继续收取债权受让日之后的利息的请求，法院通常不予支持。从检索判例来看，对于地方资产管理公司来说,法院关注的焦点还是其是属于"金融资产管理公司"还是"受让人",有很大一部分判决法院都是直接列举出《海南纪要》的第九条,排除了地方资产管理公司继续收取利息的权利。由此可见,在实践中存在以下两个问题:一是法院对于《海南纪要》的理解存在较大差异,无法统一"金融资产管理公司""受让人"等主体的范围,使得四大金融资产管理公司之间、四大金融资产管理公司与地方资产管理公司之间、地方资产管理公司之间在不同案件中对于继续收息裁判结果的不一致。二是四大金融资产管理公司与地方资产管理公司之间在司法实践中存在不同待遇,四大金融资产管理公司在大部分案件中继续收息的请求往往能够被支持,而地方资产管理公司的请求却会被驳回。

3. 地方资产管理公司金融费率问题

《最高人民法院关于审理民间借贷案件适用法律若干问题的规定》第二十五条规定对民间借贷利率作出了"不得超过合同成立时一年期贷款市场报价利率四倍"的上限。对于地方资产管理公司的资金占用费等费率是否适用上述四倍限制,最高院在《最高人民法院关于新民间借贷司法解释适用范围问题的批复》(法释〔2020〕27号)中进行了解释:"关于适用范围问题。经征求金融监管部门意见,由地方金融监管部门监管的小额贷款公司、融资担保公司、区域性股权市场、典当行、融资租赁公司、商业保理公司、地方资产管理公司等七类地方金融组织,属于经金融监管部门批准设立的金融机构,其因从事相关金融业务引发的纠纷,不适用新民间借贷司法解释。"这意味着在该批复颁布之后,地方资产管理公司在处置不良资产的业务过程中,不受到四倍贷款市场报价利率的限制。但是如果债权形成时间为批复之前(即2021年1月1日之前),仍应当适用司法解释的四倍贷款市场报价利率限制。

4. 抵押登记问题

多年来,《十二条司法解释》为四大金融资产管理公司作为金融机构主体在不动产中心办理抵押登记手续确立了合法依据,但实践中,由于地方资产管理公司的"非金融机构"属性,直接以地方资产管理公司作为抵押权人在大部分不动产登记中心办理抵押登记均会遇到障碍,通常只能借助原金融机构继续作为名义抵押权人或者设立财产权信托办理抵押登记的方式维系抵押权利。为解决这一问题,原银监会、国土资源部《关于金融资产管理公司等机构业务经营中不动产抵押权登记若干问题的通知》(银监发〔2017〕20号)规定:金融资产管理公司收购不良资产后重组的,与债务人等交易相关方签订的债务重组协议、还款协议或其他反映双方债权债务内容的合同,可作为申请办理不动产抵押权登记的主债权合同。金融资产管理公司收购不良资产涉及大量办理不动产抵押权转移登记或者变更登记的,不动产登记机构要积极探索批量办理的途径和方法,切实依法规范、高效便利,为金融资产管理公司健康发展提供有力保障。金融资产管理公司收购不良资产后重组的,需要办理抵押登记以担保其债权实现的,不动产登记机构应根据当事人的申请依法予以登记。尽管政策提供了一定的保护,但在发展过程中各地登记机关的操作仍然复杂不一,实践中地方资产管理公司在各地办理抵押时依然障碍重重,在不良资产债权收购、处置过程中,需要对当地登记政策有较为准确的预判,以防止抵押落空。

5. 财产保全问题

根据《民事诉讼法》第103条,人民法院采取保全措施,可以责令申请人提供担保。在不良资产诉讼案件中,申请保全对案件顺利执行尤为重要，但实践中，金融资产管理公司与地方资产管理公司的保全申请结果并不完全相同。一般来说，由金融资产管理公司申请保全的，根据《最高人民法院关于审理涉及金融资产管理公司收购、管理、处置国有银行不良贷款形成的资产的案件适用法律若干问题的规定》第五条规定，人民法院对金融资产管理公司申请财产保全的，如金融资产管理公司与债务人之间债权债务关系明确，根据《中华人民共和国民事诉讼法》第九十二条第二款的规定，可以不要求金融资产管理公司提供担保。但如果债权转让以后由地方资产管理公司申请保全，上述法律规定是否可以继续适用尚无明文规定。实践中，地方资产管理公司在本省（区、市）范围内展业时，经与当地法院沟通，有较大可能可以申请参照金融资产管理公司免予保全担保的同等待遇；但地方资产管理公司在省外展业中申请保全的，往往被强制要求提供财产保全，此时通常需要借由担保公司提供担保或者向保险公司购买诉讼保全责任保险的方式来实现。

四、市场地位存在的问题

（一）融资政策问题

长期以来，"融资难、融资贵"始终是掣肘地方资产管理公司发展的主要问题之一。资产管理行业是资金密集型行业，对不良资产处置方的资本金体量、流动资金使用量等要求较高，以依法收债、债务重组等传统方式进行不良资产处置以及以企业纾困为目的的业务都需要较长的运作周期，较之其他业务模式更加需要长期资金支持。许多地方资产管理公司由于没有金融牌照、评级不高，银行对其放贷较为谨慎。因此，不少地方资产管理公司的资本扩张能力和资金借贷能力不足,在融资上存在期限短、成本高、渠道少的窘境,很大程度上制约了其承接不良资产的能力。

金融资产管理公司作为金融机构,能够与其他金融机构一样,在金融市场中进行同业拆借。地方资产管理公司作为"类金融"机构,在金融市场上与金融资产管理公司地位不同,无法进行同业拆借,只能采用以下三类资金成本较高或存在限制条件的方式作为主要融资渠道。

第一种渠道:银行贷款。全国有超过一半地方资产管理公司将银行贷款作为主要融资渠道之一。虽然地方资产管理公司利用其与地方性中小银行的良好合作关系和地方政府的支持相对容易获取银行贷款,但银行放贷受一系列监管政策和指标约束,整体上融资规模有限、融资成本较高,不能完全满足许多地方资产管理公司业务发展需求。

第二种渠道:股东借款。地方资产管理公司股东大多属于省(区、市)范围内投融资业务活动主体和地方政府,资本雄厚,会根据地方资产管理公司发展状况对其增资扩股或借款以提升地方资产管理公司实力。但作为内部融资渠道,通过股东借款无法实现大规模增资。站在可持续发展的角度,股东借款也无法成为支撑公司长期持续发展的长期性融资渠道。

第三种渠道:债券融资。债券融资是众多地方资产管理公司近年来不断探索的融资方式。2018年以来,越来越多的地方资产管理公司通过发行超短期融资券、中期票据、公司债、资产证券化(ABS)、资产支持票据(ABN)、非公开定向债务融资工具(PPN)及债转股专项债等方式进行融资。2021年银保监会发布的《地方资产管理公司监督管理暂行办法(征求意见稿)》对地方资产管理公司的资金来源、资产端作出了进一步规范，鼓励地方资产管理公司增资扩股，支持符合条件的地方资产管理公司利用银行贷款、公司债、企业债、非金融企业债务融资工具、理财直接融资工具、资产证券化等多渠道进行融资，同时也对地方资产管理公司债转股的业务范围进行了明确。但发债融资对地方资产管理公司本身信用等级和资产规模也有较高要求，容易产生财务风险，同样难以成为许多地方资产管理公司稳定的资金来源。

（二）税收政策问题

市场地位不平等的情况还体现在税收政策层面。地方资产管理公司、非持牌机构与金融资产管理公司之间的不平等主要体现在以下两个方面。

一方面，税改前地方资产管理公司与金融管理公司被同等对待，税改后地方资产管理公司却增加了税负成本。2016年营业税改增值税试点在全国范围内全面铺开后，因地方资产管理公司属于金融与其他服务业类企业，与金融业其他部门一起被纳入试点中。营改增后，地方资产管理公司适用的核定增值税率由原先的5%变为6%。由于地方资产管理公司的运营成本主要为不能抵扣增值税的资金成本和人工成本，可抵扣进项税额的资产采购、日常办公耗材等采购占比较小，可抵扣进项税额不足以弥补营改增后税率的上涨，营改增后流转税税负提升。

另一方面，国家层面仅针对金融资产管理公司政策性不良资产业务出台过税收支持政策，地方资产管理公司与非持牌机构无法获取针对金融资产管理公司的各类财税支持政策，实质上处于不公平竞争的劣势地位。有关税收政策的差异主要体现在不良资产业务经营过程中债权受让和处置清收、抵债资产的取得和持有、抵债资产的处置等环节。由于经营处置链条较长，需要履行纳税义务的税种较多，涉及的税种包括但不限于契税、印花税、增值税、房产税和土地增值税等。

1. 债权受让和处置清收环节

地方资产管理公司从金融机构及非金融企业收购不良债权资产，并通过自主清收等方式实现回收，在此过程中取得的利息收入需要缴纳增值税；下设的投资咨询类公司在此过程中提供专业投资顾问等服务性收入需要缴纳增值税。而对于金融资产管理公司，这两项都可以享受免征待遇。

一是利息收入免征增值税政策。依据《财政部、国家税务总局关于中国信达等四家金融资产管理公司税收政策问题的通知》，金融资产管理公司对资产公司接受相关国有银行的不良债权取得的利息收入，免征营业税。二是咨询服务收入免征增值税政策。同样依据以上政策，资产公司所属的投资咨询类公司，为本公司承接、收购、处置不良资产而提供资产、项目评估和审计服务取得的收入，免征营业税。

2. 抵债资产取得和持有环节

目前，地方资产管理公司在收购不良债权后，往往会发生债务人以其持有的不动产、货物等资产以物抵债的情况，在抵债资产取得和持有环节主要涉及缴纳契税、房产税和土地使用税等税种。其中，取得不动产需要缴纳契税和印花税；持有不动产需要缴纳房产税和城镇土地使用税。相比之下，金融资产管理公司在这些环节中的税费可以豁免。

一是接收抵债资产免征契税政策。依据《财政部、税务总局关于银行业金融机构、金融资产管理公司不良债权以物抵债有关税收政策的公告》（财税〔2022〕31号），对银行业金融机构、金融资产管理公司接收抵债资产免征契税。二是接收处置抵债资产涉及相关合同、账簿免征印花税政策。同样依据以上政策，银行业金融机构、金融资产管理公司接收、处置抵债资产过程中涉及的合同、产权转移书据和营业账簿免征印花税。三是抵债资产闲置期间免征房产税和城镇土地使用税政策。依据《财政部、国家税务总局关于中国信达等4家金融资产管理公司税收政策问题的通知》，对各公司回收的房地产在未处置前的闲置期间，免征房产税和城镇土地使用税。

3.抵债资产处置环节

地方资产管理公司处置不动产、货物等抵债资产环节主要涉及缴纳增值税、土地增值税等税种。其中，处置不动产需要缴纳增值税和土地增值税，处置货物需要缴纳增值税。同样，金融资产管理公司享有相关税收优惠。

一是处置国有银行不良债权抵债资产享受免征增值税政策。依据《财政部、国家税务总局关于中国信达等四家金融资产管理公司税收政策问题的通知》，对金融资产管理公司接受相关国有银行的不良债权，借款方以货物、不动产、无形资产、有价证券和票据等抵充贷款本息的，免征资产公司销售转让该货物、不动产、无形资产、有价证券、票据以及利用该货物、不动产从事融资租赁业务应缴纳的增值税。二是处置其他抵债不动产享受差额确认销售额优惠政策。依据《财政部 税务总局关于银行业金融机构、金融资产管理公司不良债权以物抵债有关税收政策的公告》，银行业金融机构、金融资产管理公司中的增值税一般纳税人处置抵债不动产，可选择以取得的全部价款和价外费用扣除取得该抵债不动产时的作价为销售额，适用9%税率计算缴纳增值税。三是转让抵债房地产享受免征土地增值税政策。依据《财政部、国家税务总局关于中国信达等4家金融资产管理公司税收政策问题的通知》，对资产公司转让房地产取得的收入，免征土地增值税。四是转让上市公司股权享受免征印花税政策。依据《国家税务总局关于中国信达等四家金融资产管理公司受让或出让上市公司股权免征证券（股票）交易印花税有关问题的通知》（国税发〔2002〕94号），收购、承接和处置的国有银行不良资产范围内的上市公司股权受让或出让行为，可以报请审核免征证券（股票）交易印花税。

  研究发现，尽管我国不良资产管理行业已经发展了二十多年，取得了不错的成效，但由于行业的构建，尤其是地方资产管理公司的诞生和发展，是一个渐进的过程，运行机制在监管规则、监管主体、司法实践、市场地位等方面不可避免地存在不完备、不清晰、不统一等问题。这些问题为机制的运行增加了摩擦，迟滞了功能作用的发挥，影响了行业制度安排的有效性。下一章，本书将引入"环境"因素，进一步研究这些问题对行业的制度安排究竟带来了什么样的影响，对我国不良资产管理行业的制度安排进行有效性评价。

[第六章] 不良资产管理行业制度安排有效性评价

我国不良资产管理行业内各类行业主体的总体功能是一致的，行业的体系属性和机构的内在属性也是相同的，但由于行业主体机构之间法律属性的差异，以及法律框架的不完备、不明晰等缺陷导致行业的运行机制存在一定问题，并在一定程度上影响行业功能的有效实现。因此，评价我国不良资产管理行业制度安排的有效性，分析问题的原因及产生的后果，是推动不良资产管理行业发展的基础性工作。本章将以前文理论和实践的分析为基础，构建不良资产管理行业制度安排有效性评价分析模型，以问题为导向，对我国当前不良资产管理行业制度安排进行有效性评价。

第一节　有效性评价的理论模型设计

为评价中国不良资产管理行业制度安排的有效性，需要设计一个有效性评价分析模型。该模型的总体逻辑为：将属性对机制的影响，以及机制自身存在的问题作为影响制度安排有效性的重要因素，并引入"环境"因素和显、隐性行业因素，分析它们共同作用于制度安排的有效性，最终构成"制度—环境"行业有效性评价分析模型。

一、有效性评价的相关概念

在设计有效性评价模型前,我们首先对有效性评价的相关概念进行界定。

(一)有效性

"有效性"这一概念的应用非常广泛,经济学、管理学、心理学、逻辑学、教育学、理工医等学科领域均存在"有效性"的概念。但如果细加考量,大都未对"有效性"这一概念进行详细辨析。个中原因可能是大部分人认为无此必要,或者仅仅在一种约定俗成的意义上加以使用,理所当然地认为阅读者自然会明白此概念的意义。综合目前研究来看,对"有效性"一词的解释主要有如下几种。一是作为目标达成的有效性。在哲学家哈贝马斯看来,认识论意义上的有效性指的是"一个事实的陈述是否合乎它所指称的客体的实际状态"。该种意义上的有效性指的是与目标对象的相符性,所隐含的意义是达成预期的目标。二是作为效用、效果与效能的有效性。在效用、效果、效能等意义上使用"有效性"这一概念在学界最为普遍。此种意义上的"有效性"更多从外在视角加以分析,是对结果、后果的一种考量方式。

结合以上观点,本研究中"有效性"主要包含两层含义:一是有效的可能性,指的是价值正当性和具有达成预设效力的可能性,包括正确性和可接受性的含义;二是有效的程度与水平,指效力达成的程度与水平,包括绩效、效率、效能、效度等意义,代表了一种积极的指向。通过前文的分析已知,我国不良资产管理行业现行的制度安排是相对有效的，对行业发展具有一定正向效果，因此，后续的评价主要围绕"有效性"的有效程度与水平展开。

（二）市场有效性

市场有效性可以简单理解为市场是否有效。由于市场是行业实现功能的核心手段，行业中的主体需要通过市场才能发挥功能作用，因此，本书中行业有效性概念可以等同于市场有效性。资本市场定价理论与有效市场理论揭示，在理想条件下，完全有效市场（即强式有效市场）是没有摩擦的市场，市场信息完全公开，市场中的交易成本几乎为零；存在一定摩擦的市场为不完全有效市场（即半强有效市场），该类市场中信息不完全公开，依靠公开信息的基础分析相对失效，存在交易成本；摩擦较多，已经影响到市场化运行的市场为失效市场，即弱式市场，市场中信息完全不公开，价值判断失效，交易成本覆盖利润。完全有效市场只是一种假设，越接近完全有效市场，市场中存在的摩擦越少，信息越公开，市场的有效性越高，行业的有效性也越高。

（三）制度安排的有效性评价

如前文所述，本书研究的"有效性评价"主要是针对制度安排的有效性的有效程度与水平进行分析。据此，我们对制度安排有效性的评价主要包括以下三个指标。

第一个指标：制度安排的效果好坏，即制度安排的增益性。制度安排的增益性是指新制度安排的有益水平要高于先前制度的有益水平。判断制度安排的增益性必须从社会变化的整体层面来界定，不能根据某个人或某个利益集团的效用变化来评判。制度安排的增益性是这样一种状态：现有制度安排的总水平与先前的制度安排相比，具有向水平提高的方面改善的趋势。这种改善虽然不一定能够达到帕累托改进的效果，但只要总水平有所提升，我们就认为新制度安排相对于老制度安排是具有增益性的。

第二个指标：制度安排的效率高低。本书对制度安排效率的研究主要聚焦在制度安排的实施效率方面。制度安排的实施效率是指制度安排的执行情况，无论制度安排是正式的还是非正式的，是强制性还是演进性，是常态化还是非常态化，其形成之后都面临实施执行问题，执行完成情况的速度即为制度安排的实施效率。

第三个指标：制度安排对交易成本的影响。交易成本的高低，是制度安排是否有效的重要评判标准之一。一个有效的制度安排能够降低交易成本，低效无效的制度安排会使交易成本提高。后续本书将通过研究我国不良资产管理行业制度安排中运行机制存在的问题，具体评价分析制度安排中的交易成本对有效性的影响。

（四）影响制度安排有效性的环境因素

制度安排的有效性不仅受到内在运行机制的影响，同时也受到环境因素的影响。一个好的环境能够提升制度安排的有效性，反之会对有效性起到负面作用。环境因素是一个非常复杂的概念。本书仅限于研究影响制度安排有效性的环境因素，因此，对环境作以下两个层面的理解：一是指作为环境的制度；二是指制度安排所赖以生存与维系的环境。从制度运行的实践来看，任何制度效用的发挥均不能脱离外在环境，制度安排本身又构成了影响其他制度安排的环境因素。

总体上讲，环境对于制度安排的有效性具有重要意义，主要体现为如下几方面：首先，环境构成了制度生成、实施与变迁的基本空间。其次，环境影响人的行为选择，影响制度安排的实施水平。在一个信守承诺的社会中，人们违反制度的可能性比在普遍信奉机会主义的社会中要低。最后，环境的变化会对制度安排的有效性产生重要影响。在外在环境趋于稳定的情况下，制度安排更多关注自身的改进与完善，一旦外在环境发生巨大变化，有可能诱发制度安排的变迁。本书所称的"环境"，主要指影响我国不良资产管理行业制度安排有效性的外部条件，是以社会环境为主要因素的外部环境，主要体现在信用环境和营商环境两个方面。

二、有效性评价分析模型设计

制度安排的有效性评价是基于行业展开的。行业分为具象和抽象两个层面，具象的行业由主体、客体、市场三个部分组成；抽象的行业主要是指制度安排。本书研究的落脚点在行业的制度安排。功能、属性、机制作为制度安排的核心组成部分，分别对应"做什么""是什么""怎么做"，三者缺一不可。三者间的内在逻辑可以总结为：不良资产管理行业的产生源于国家赋予行业的功能定位，在功能定位和机构内在属性相同的前提下，机构的法律属性决定了需要采用什么样的机制实现其功能作用。其中，功能定位是不良资产管理行业的起点和目标，功能作用是不良资产管理行业运行效果的体现。

影响我国不良资产管理行业制度安排有效性的因素主要表现在三个方面。一是显性行业与隐性行业对有效性的影响。通过将我国显性的不良资产管理行业和制度安排与其他国家进行比较分析，对比各自作用效果，研究制度安排的适用性。二是在相同的功能定位和机构内在属性下，两大市场参与主体被赋予了不同的法律属性，机构法律属性的差异直接导致运行机制的差异，可能影响功能作用的发挥。金融资产管理公司与地方资产管理公司在功能定位上是一致的，并且均具有金融及资产管理两种内在属性，只是两者在践行

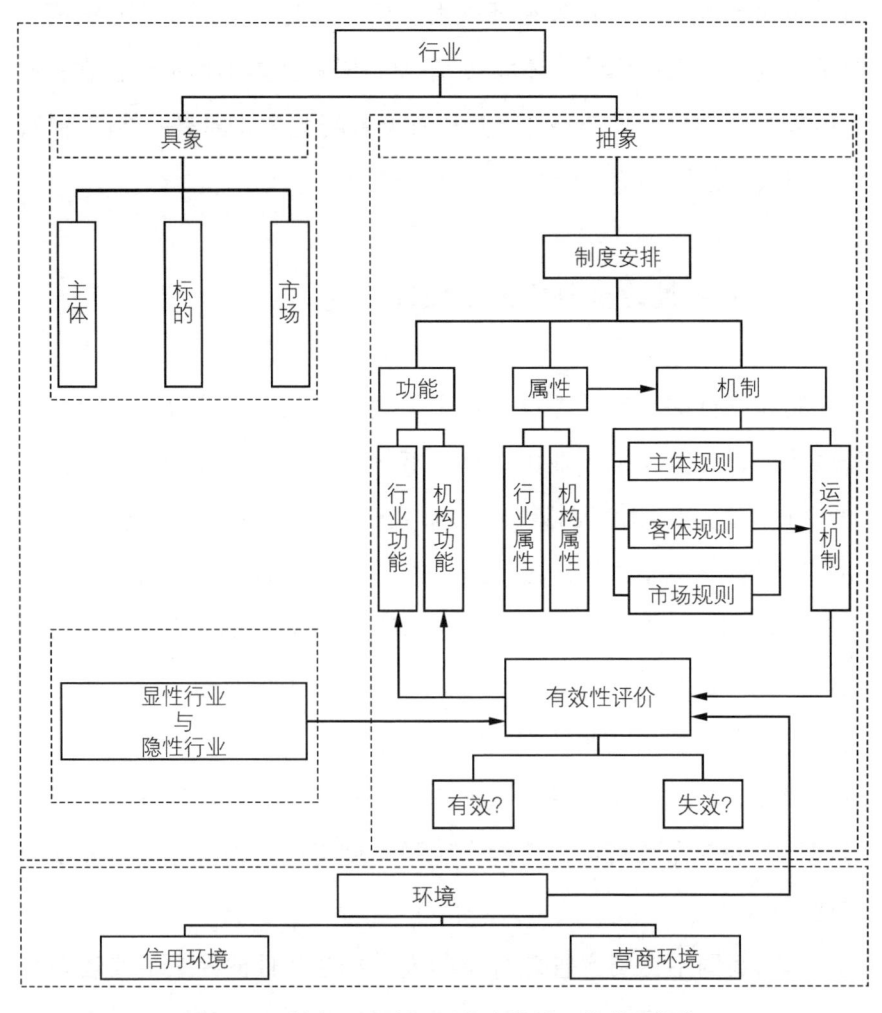

图6-1 "制度—环境"行业有效性评价分析框架

功能的方式上各有侧重。但两者在法律上被赋予了"金融机构"和"类金融机构"两种不同的机构属性，导致地方资产管理公司与金融资产管理公司在业务规则、融资渠道、税收政策等方面均存在明显差别，行业功能作用的发挥存在一定障碍。三是环境因素对有效性的影响。主要表现在信用环境与营商环境两个层面。

据此，本书构建了"制度—环境"行业有效性评价分析模型。运用该模型，本章将对我国不良资产管理行业制度安排的有效性进行分析。我们将分别从制度安排的有效性效果、影响行业制度安排有效性的因素两个方面，分析我国现有制度安排的有效性。通过深入分析这些问题，我们可以更好地理解不良资产管理行业的制度安排，并为制度安排的进一步优化提供有价值的参考。

第二节　当前不良资产管理行业制度安排的有效性分析

基于以上理论模型，本章将通过定性与定量相结合的研究方式，对当前我国不良资产行业的制度安排进行有效性分析。一方面，从显性与隐性行业、环境，以及机制存在的问题三个方面分析对我国不良资产管理行业制度安排有效性产生的影响；另一方面，通过数据的比较分析，研究我国不良资产管理行业制度安排有效性的效果。

一、影响行业制度安排有效性的因素分析

（一）显性行业与隐性行业对制度安排有效性的影响

显性行业与隐性行业对制度安排有效性存在一定的影响。我国不良资产管理行业是一种正式的、强制性的、常态化制度安排所形成的"专职"的显性行业。而一些发达国家的不良资产管理行业是一种正式的、强制性的、非常态化制度安排形成的"兼职"的隐性行业。在这些发达国家中，不良资产管理行业作为隐性的行业，可以通过市场这只"看不见的手"实现一定程度的自我调节。市场有效性是行业有效性最集中的表现，一定程度上等同于行业的有效性。因此，在发达国家高效的整体市场化机制的大环境下，采取隐性的非常态化安排同样可以实现行业的有效性。与发达国家相比，我国的市场化机制的发展阶段不同，通过显性行业这种强制性的、常态化制度安排可以有效保障市场的秩序性，提高信息集中性和交易效率，降低市场信息差和交易成本，减少市场化不足和机制问题带来的摩擦，实现整体行业有效性的提升。

（二）环境对制度安排有效性的影响

本书研究的环境主要为社会环境。对于中国不良资产行业而言，影响行业运行效率的环境主要体现在两个方面，一是信用环境，二是营商环境。

1. 信用环境对制度安排有效性的影响

在我国不良资产管理行业制度安排的运行过程中，信用环境对

制度安排的有效性具有重要影响。债务人作为信用环境中主体的组成部分，能否信守承诺偿还债务，是影响信用环境是否诚信的主要因素之一。接下来将通过分析债务人的诚信行为，探究信用环境对我国不良资产管理行业制度安排有效性的影响。

信用主要由客观和主观两种因素构成。客观因素，主要表现为偿付能力（也是不良资产产生的重要条件之一），其既受到资本结构、盈利能力、流动比率、速动比率、资产负债率、现金负债率等微观经营情况的影响，也受到行业特点、经营环境、生产周期等宏观条件和市场环境的影响。主观因素，即规则与契约意识。其中，规则意识是指尊重规则、执行规则的意识，是对良性规则的推动实施和对恶性规的禁止；契约意识是指在遵守法律与善良风俗的前提下对自己自愿达成的契约负责的意识。具有规则与契约意识意味着能够自觉遵守规则和契约，可以降低纠纷产生的概率，减少交往与交易的成本，节约司法等救济资源，降低整个社会的运行成本，并为制度安排的有效实施奠定良好的基础。如果普遍缺乏规则和契约意识，社会主体之间互不信任，就会频频寻求司法等官方机构的救济甚至私力救济，提高司法和经济成本。

将主观因素与客观因素结合，可以将债务人的诚信行为区分为"有心有力""有心无力""无心有力""无心无力"四种类型。相关债务人在主观上选择遵守规则和契约，既可能源自于避免违反规则和契约而受惩罚的自利性意识，也可能源自违反规则和契约的愧疚感和对违反制度者的气愤。因此，通常情况下，人们宁愿承受自身利益受损的后果也会选择遵守规则和契约。在此基础上，如果债务人愿意还款并且具备客观的偿付能力，则为"有心有力"；如果债务人愿意还款但不具备客观的偿付能力，则为"有心无力"。以上两种情况中的债务人相对诚信，在主观意愿上希望能够偿还债务，尽管存在偿付能力不足的情况，但更容易获得资产管理公司等专业机构的帮助，能够在一定程度上减少"不良"的产生，使行业的制度安排更加有效。

但债务人在所处的还债压力下，可能会出现具备偿付能力但主观意识上逃避还款的机会主义行为，如通过各种手段转移隐匿财产、逃废债务。并且可能影响一部分债务人的偏好改变，使他们只关注结果是否于己有利，不在乎获得利益的原因与过程，认为通过违反规则和契约谋取不当利益的行为并无不当甚至争相效仿，最终导致遵守规则和契约的债务人反而成为受到损失的人。这种情况即为"无心有力"。更有甚者，无论在主观意愿或客观条件上均不具备偿付条件，则为"无心无力"。这种情况下的债权完全灭失，债权人将会受到严重损失。在"无心有力"甚至"无心无力"的条件下，规则和契约不再被人遵守，债权人、司法机构乃至政府行为的时间成本和经济成本大幅增加，不良资产管理行业制度安排的有效性水平自然受限。因此，解决现存的诚信问题能够优化信用环境，提升我国不良资产管理行业制度安排的有效性。本书在后文将提出加强失信惩戒机制、信息掌控体系等举措，以优化信用环境。

2.营商环境对制度安排有效性的影响

在我国不良资产管理行业中，主导营商环境的因素主要为司法环境与政府行为。

从司法环境来看，还存在以下几类问题。一是司法环节耗时较长，影响处置效率。近几年，受宏观环境因素影响，大量案件短期集中到法院立案、排队等待，部分地区案件积压过多，无法及时处理。在诉讼过程中，各种情况也层出不穷，特别是债务人拒收传票或失联，法院只能通过公告方式送达诉讼文书，延长了诉讼程序及时间。此外，在执行过程中，部分债务人采用滥用执行异议和占用抵押物等手段拖延执行的时间，同时延迟整个处置清收的进程。从普遍诉讼周期看，从起诉到执行大都是1—3年，个别案件因遇到企业破产重整等意外状况，周期可能会延长到5年以上，耗时较长的司法环境大大降低了制度安排的有效性。二是司法公正问题。由于最高人民法院并没有以司法解释或者指导性案例的形式对审理涉及地方资产管理公司的案件进行指导和规范，地方资产管理公司实际上缺乏行为规范。同时，因为与金融资产管理公司不同的法律地位，地方资产管理公司无法享有与金融资产管理公司同等的诉讼地位，出现二者在处置地位和处置措施等方面不对等的情况。三是司法依据不清晰问题。前文中已经进行了有关分析，由于司法实践中地方资产管理公司专项监管文件缺位，涉及地方资产管理公司的诉讼，不同法院之间甚至相同法院不同法官之间对相似的诉讼出现不同的裁判结果，这种司法系统内部对地方资产管理公司相关司法依据的认识混乱，阻碍了地方资产管理公司的处置进度，降低了行业制度安排的有效性。

对于我国的不良资产管理行业来说，另一个影响制度安排有效性的因素是营商环境问题，即政府行为。从政府行为来看，政府的社会治理水平影响着制度效用的发挥。社会治理代表了社会发展的方向，不断提高社会治理水平已然成为不可逆的历史趋势。社会治理强调治理方式与治理形态的多元性，其中包含着合法性、法治性、透明性、责任性、回应性、有效性以及稳定、廉洁、公正等要素。在社会治理兴起的背景下，政府作为治理主体，治理方式不再单纯依赖"自上而下"，政府与民间力量的上下互动渐成常态；治理载体也不再局限于政府制定的正式制度，正式制度与非正式制度共同助力社会的有序运行。

本文研究的政府行为包括政府干预和政府诚信两个层面，规范的政府行为能够帮助不良资产管理行业发挥功能作用，反之则会对作用效果产生负面影响。例如，一些资产管理公司在诉讼执行过程中可能遇到政府干预以及地方保护问题。一小部分地方政府或部门从狭隘的局部利益出发，运用他们的影响力进行干预，有的滥用行政权力要求法院不得执行某某地方企业的财产，干预司法执行；有的以政府文件形式保护当地利税大户和严重经营亏损企业，间接阻止法院执行工作；有的在得知企业的土地被查封或将被债权人行使抵押权时，故意做出无偿收回国有划拨土地使用权的行政决定，或恶意提高土地出让金，间接阻止债务人被执行；有的谋划将已被查封资产的企业破产，或以企业即将破产为由要求法院中止执行，而后又不履行破产程序。这些情况都会导致不良资产管理行业功能作用的发挥效果下降，处置不良资产的效率降低，行业制度安排的有效性受到负面影响。

（三）运行机制问题对制度安排有效性的影响

1. 监管规则问题对有效性的影响

监管规则的不统一增加了监管的主观随意性。由于地方资产管理公司缺乏完善的资本计量和监管规则体系，一些地方资产管理公司可以通过拒绝披露或者虚假披露公司信息隐藏自身的潜在风险，而地方金融监管部门则面临无规则可以遵循的情况，在监管实践中主观性行为较多，造成监管不足或过度监管的现象，导致交易成本上升。此外，由于不良资产管理行业存在显著的信息不对称的特点，一旦市场参与方无法真实了解地方资产管理公司的财务现状,陷入信息"黑箱",就会降低交易对手对地方资产管理公司的信任度,在影响不良资产风险化解效率的同时增加交易成本。

2. 监管主体问题对有效性的影响

监管主体的不统一对制度安排的有效性存在负面影响。从金融资产管理公司视角来看,金融资产管理公司由国家金融监督管理总局进行直接监管,体系较为完善。从地方资产管理公司的视角来看,不仅与金融资产管理公司的监管主体不统一,各地方资产管理公司之间的监管主体也存在不统一的情况,监管体制的不完善,监管主体的不明确,导致监督职能难以发挥。另一方面,监管单位职责之间的重叠也一定程度上制约了地方资产管理公司的发展。监管单位也不能仅仅从监管的目标出发设置监管举措和条例,而不参考资产管理公司的经营目标,不将资产管理公司的内部风险管理和市场约束纳入监管范畴。这会弱化市场化的力量,导致地方资产管理公司需要付出巨大监管服从成本,提高了交易成本,降低了盈利的可能,往往还会导致严重的道德风险问题,从而影响制度安排的有效性。

3. 司法实践问题对有效性的影响

地方资产管理公司有关的司法实践在前文已经有所论述,大多数分散在各类规范性文件中,且效力层级偏低。而司法实践的不完备和不统一会导致地方资产管理公司的规范性低于金融资产管理公司,增加地方资产管理公司收购处置不良资产的交易成本。在当前激烈的市场竞争环境下,地方资产管理公司作为防范化解区域金融风险的专业机构,很多不规范现象已经逐渐开始显露,这将导致其功能作用的发挥出现失效的情况,不利于我国经济稳定发展。比如,一部分地方资产管理公司会通过不良资产收购的名义为企业和个人提供筹资、通道业务，但对于这种类型的业务来说，地方资产管理公司对后续的处置无法完全把控，后续出现风险的概率也会更高，导致风险成本增加。

4. 市场地位问题对有效性的影响

市场地位的不统一问题也会对制度安排的有效性产生负面影响。一方面，融资渠道不统一导致交易成本提高。金融资产管理公司的"金融企业"属性能够拓宽其融资渠道，资金成本与其他金融机构基本一致。而在通常的情况下，地方资产管理公司在设立之初主要是所在省份的各责任厅局或国有企业牵头出资设立，并且因行业制度的不完备，在有关文件中对地方资产管理公司的属性并没有明确定义，或被列为"类金融"机构，而不是与金融资产管理公司一样被列为"金融"机构。这种机构的法律属性差异，导致大部分地方资产管理公司主体评级资质相对较弱，社会认可度不高，融资渠道较窄、融资不畅通，资金成本较高、经营成本提高。而对不良资产管理这种资本密集型行业来说，资金储备是否充裕、筹资渠道是否稳定、筹资方式是否多样、融资能力是否过硬是保障业务正常运转的基本条件。地方资产管理公司在迫切的发展意愿和资金不足双重因素叠加的情况下，只能寻找高成本的资金，这会造成交易成本的提高，阻碍不良资产收购业务开展，影响制度安排的有效性。

另一方面，税收政策不统一导致交易成本提高。税收支持政策的不足，提高了地方资产管理公司处置不良资产的交易成本。地方资产管理公司作为为化解地方金融风险而设立的专门机构，承担了地方政府大量的政策性业务，但过高的税费成本使其无法享受政策红利，更无法在区域内与金融资产管理公司等不良资产行业的竞争者充分竞争，难以实现为地区化解风险、调整结构、盘活不良企业

二、制度安排有效性的效果分析

我国不良资产管理行业的发展主要经历三个阶段,在1999—2006年政策性展业阶段,四大金融资产管理公司的成立和运转大幅压降了我国银行不良贷款余额和不良贷款率,使我国不良贷款率从最高的30%下降至9%左右,不良贷款余额下降至1.3万亿元左右。第二阶段是市场化转型,在2007—2012年,不良贷款余额和不良贷款率进一步下降,从9%下降至5%左右,不良贷款余额下降至0.5万亿元左右。在2013年进入全面市场化阶段后,不良贷款率趋于平稳,保持在1%—2%的范围内。不良贷款余额随着经济社会的发展开始大幅上升,这种上升并不是由制度安排的失效所导致,是由于经济

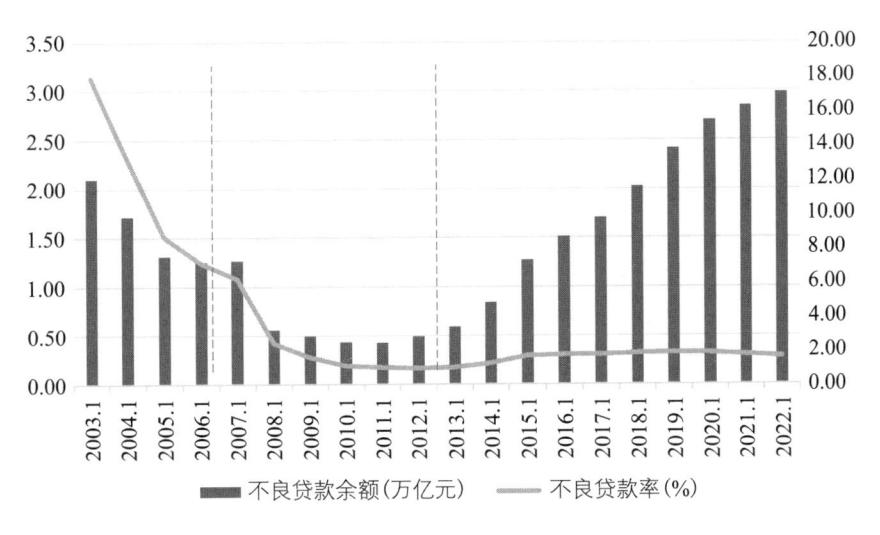

图6-2 我国不良资产管理行业发展阶段情况

数据来源:国家统计局、国家金融监督管理总局(原银保监会)

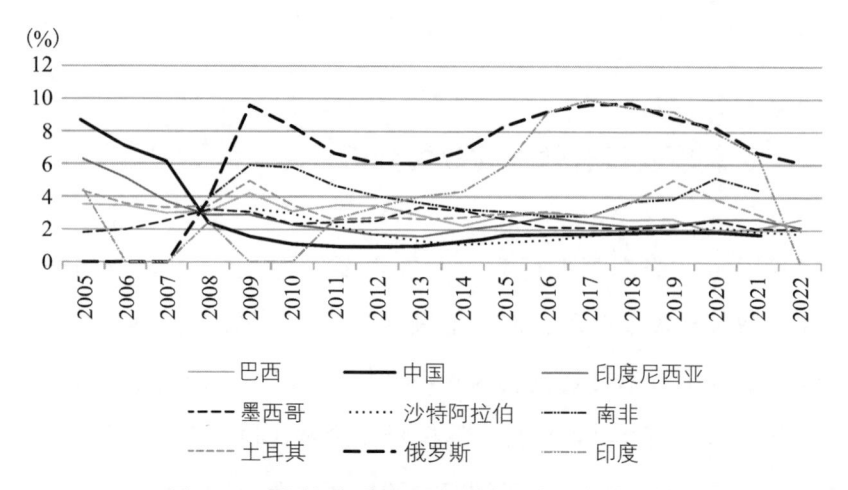

图6-3 我国与部分发展中国家不良贷款率比较

数据来源：世界银行

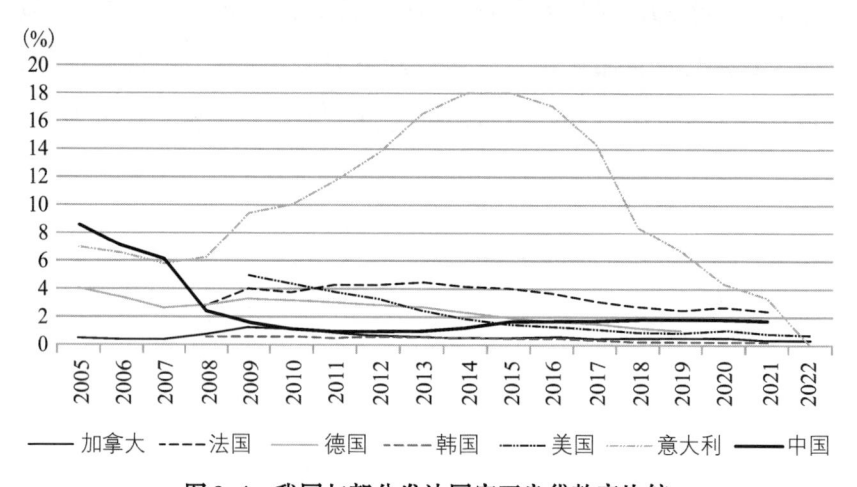

图6-4 我国与部分发达国家不良贷款率比较

数据来源：世界银行

高速发展，随着总贷款余额的逐年攀升而提高。

一方面，不良贷款率和不良贷款余额的变化，说明我国不良资产管理行业相关政策的制度安排效果较为明显，在不同的政策实施节点，市场都给予了正向的反应。另一方面，在我国现有不良资产管理行业的制度安排下,我国的不良贷款率尽管高于美国、加拿大等一些发达国家,但是低于大部分的发展中国家,甚至低于法国、意大利等一些发达国家。这说明我国现行的不良资产管理行业制度安排相对有效,能够较好地起到压降不良资产的作用,但还存在进一步优化的空间。

第三节 总体评价

评价我国不良资产管理行业制度安排的有效性,能够推动不良资产管理行业进一步完善。通过分析不同因素对制度安排有效性的影响,可以更好地理解我国不良资产管理行业现行制度安排的适用性,并为进一步制度安排的优化提供有价值的参考。本书通过构建"制度—环境"行业有效性评价分析模型,对比显性行业与隐性行业两种制度安排,引入信用环境和营商环境两种环境因素,分析运行机制问题的影响,评价现有不良资产管理行业制度安排的有效性。总体来看,我国不良资产管理行业作为一种常态化制度安排是有效的,作为一种弥补市场化程度不足的手段,能够保障行业的秩序性,在一定程度上降低不良资产交易的信息差和交易成本,为我国不良贷款率的压降和社会经济发展作出突出贡献。但是,由于外部环境还存在进一步提升的空间,行业的运行机制还存在监管规则、监管主体、司法实践、市场地位等方面不完备、不明确、不统一的问题,我国不良资产管理行业的制度安排受到环境和运行机制中存在的问题的影响，不能达到完全有效市场状态，使行业制度安排有效性的实施效果和效率下降，市场中的交易成本升高。下一章，本书将针对存在的问题提出完善不良资产管理行业制度安排的对策建议，以此降低甚至消除这些问题带来的负面影响，提升行业制度安排的有效性。

[第七章]
完善不良资产管理行业制度安排的建议

我国不良资产管理行业历经二十多年的发展，已经具备了一个行业所应具有的初步市场形态。无论是行业中的主体、客体、市场，还是监管规则、司法实践等运行机制，都具备了较好的发展基础。通过前几章的分析，我们发现我国不良资产管理行业制度安排的有效性主要受到两方面影响。一方面，由于行业参与主体之间法律属性的不一致，导致机制上出现监管规则、监管主体、司法实践、市场地位上的不统一、不完备、不清晰等问题，降低了行业制度安排的有效性。另一方面，环境因素和行业显隐性也是影响制度安排有效性的重要因素。因此，从我国不良资产管理行业现存问题出发提升不良资产管理行业制度安排的有效性，应继续坚定现有的常态化制度安排，坚守行业功能定位，优化行业运行机制，并以构建统一大市场为政策导向，着重构建统一交易市场，以此完善行业中存在的不统一、不完备、不明确问题。在此基础上，本书希望能够在创新、改革和挑战中找到我国不良资产管理行业发展的平衡点，对现有制度安排作进一步升级，并提出了优化行业主体生态系统安排的举措。建议对金融机构、持牌机构以及非持牌机构实施分类管理、优化准入许可，制定市场化流动机制，并以此探索我国不良资产管理行业制度安排的新模式，走出具有中国特色的行业发展道路。

第一节　坚定常态化的行业制度安排

我国不良资产管理行业经历了从无到有、循序渐进、不断完善的发展过程，在探索中逐渐形成了符合中国特色的体系化、市场化、全面性、多层次性等鲜明的行业特征。行业在坚持"防范化解金融风险，服务实体经济"的总体功能定位下，充分发挥金融"稳定器"与"安全网"的战略作用，有效降低了不良贷款和不良率等风险指标，聚合优势产业资源、重整经营有望企业，盘活存量低效资产、实现资产内在价值，持续推动经济高质量发展。

从理论层面看，我国不良资产管理行业作为一种正式的、强制性的常态化制度安排亦是行之有效的。通过前文研究能够发现，这种制度安排是适应我国市场环境的选择，符合我国的现实情况和经济发展阶段，能够在一定程度上减少机制运行中的摩擦，弥补我国与部分发达国家之间市场化程度的差距，为行业的运行提供秩序保障。尽管在行业制度安排的构建和深化发展过程中，还存在不明确、不完备、不统一等问题，但并不能以此否定我国不良资产管理行业作为一种常态化制度安排的合理性，否定其为我国社会经济发展和金融安全稳定作出的突出贡献，甚至提出取消资产管理公司制度安排的消极观点。

因此，我们有必要继续坚定这种适应我国国情的常态化制度安排。在此基础上，通过坚守行业功能定位，完善行业运行机制，优化行业主体生态系统安排和发展环境等举措，弥补行业制度安排存在的不足，提高我国不良资产管理行业发展质量，提升制度安排有效性，使常态化更加常态、内在机制更加有序。

第二节　坚守行业的功能定位

我国不良资产管理行业被赋予的功能定位是行业存在的根本依据。同时，我国不良资产管理行业中的持牌机构，包括金融资产管理公司和地方资产管理公司，作为一种常态化的机制安排，具有特殊的功能和作用，对我国金融体系乃至整个社会经济体制都具有重要意义。但在行业发展的过程中，我们也走过一段弯路，导致功能的发挥存在不如意的地方。这种情况的产生很大程度上是由于我们没能很彻底地坚守住主责主业，一定程度上背离了常态化的"专职"性的制度安排的初衷。偏离主责主业会导致行业实现熨平周期波动、保障金融体系安全等体系功能的效果下降，让处置不良资产、服务实体企业、经营管理资产等机构功能的效果减弱。与此同时，偏离主责主业意味着放弃自己的优势去经营自身不擅长的领域，其结果是既不能很好地完成国家所赋予的防范化解金融风险的任务，也不能很好实现自身的发展，更尴尬的是处置不良的机构却把自身弄成了不良机构。应该说，教训是惨痛的。

因此，我国不良资产管理行业应坚守功能定位，聚焦主责主业，准确领会、把握党中央、监管部门及地方政府的政策导向及工作要求，发挥行业优势和功能作用，围绕不良资产的处置、管理与盘活，不断拓宽业务路径，加速回归主业、脱虚向实，切实担负起防范化解金融风险、服务实体经济的职责。首先，我国的不良资产管理行业要加强主业投入。围绕不良资产的经营管理，积极构建市场化、多元化的多牌照协同模式，将主要的资金、人力、技术等投入到主业经营中，调整优化业务结构，逐步形成主业突出、特色鲜明的发展路径。其次，要找准市场定位。如前文所述，我国不良资产管理行业与其他国家相比是一种常态化制度安排，具有较为浓厚的"专职"特色，可以说，"防范化解金融风险，服务实体经济"是我国不良资产管理行业的价值所在。因此，不仅要服务国家的重大战略，也要做到"社会价值"与"市场价值"并举，在不良资产处置、困境企业纾困、产业转型升级等方面更加主动作为。最后，要做到合规经营。在行业回归主责主业、市场化日趋完善的大趋势下，加上行业客体产品的特殊性，我们更加需要加强风险防范，注重业务模式的推陈出新，正确处理创新与合规之间的关系，在依法合规的基础上稳健经营。

第三节　优化行业的运行机制

我国不良资产管理行业中不同主体被赋予不同的法律属性以及市场的不成熟等其他因素使得运行机制还存在一些摩擦，导致制度安排的有效性没有达到设想状态。为了进一步优化制度安排的运行机制，畅通机制运行，减少负面摩擦，本书建议统一行业监管与司法实践，并以统一大市场的政策条件为导向，构建行业统一交易市场。

一、统一行业监管

（一）统一监管规则

1. 建议进一步完善监管框架

首先，统一持牌机构的监管主体和监管内容，形成完整统一的监管框架，从顶层设计上为监管规则提供遵循。其次，完备现有地方资产管理公司监管规则。基于近年来不断趋严的监管思路，在秉持严控风险和严防地方资产管理公司违规业务的导向不变的前提下，不宜对其提出过于严格的指标和其他业务要求，在没有统一法律属性之前，不宜以金融机构的标准监管非金融机构。因此，建议将促进地方资产管理公司主动审慎经营作为监管政策体系的总基调，以适当强化资本管理、完善风险资产权重、出台负面清单等方式促进地方资产管理公司将主要精力放到不良资产处置主业上，在经营中加强对道德风险和操作风险的管控，保证地方资产管理公司发挥其在区域经济内本来的作用。

2. 建议进一步明确监管规则

首先，应明确地方资产管理公司的"类金融机构""地方金融组织"等属性定义。避免地方资产管理公司在工商注册环节在不同省份被纳入不同行业的窘境，为地方资产管理公司破解融资和资产处置上的障碍提供支持，并统一司法和税务等对其业务方面的支持。其次，统筹各地方政府和监管部门，抓紧制定出台针对地方资产管理公司的监管办法。明确地方资产管理公司的监管标准和监管规则，并明确已出台和未来出台的文件中，不良资产管理行业的监管规定对地方资产管理公司的适用性，加强今后出台的地方金融监管文件的统筹协调。最后，对地方资产管理公司的经营范围、展业地域以及禁止性规定提出明确要求，完善不良资产收购办法和不良资产处置信息披露办法等配套政策，引导地方资产管理公司合规经营。

3. 建议进一步统一监管规则

首先，统一各地区监管规则差异。建议国家金融监督管理总局加强对地方金融监督管理部门的指导，尽快出台相关监管细则、配套相关现场和非现场监管体系，以切实提高监管规定的可执行性，使各地方资产管理公司得以在相对明确的业务边界内运行、减少不确定性和风险隐患；拉平区域监管差异、创造区域公平竞争环境。其次，统一地方国资委和财政部门对地方资产管理公司的监管规则。建议结合财政收入目标和国有资产保值增值目标，统一不同监管主体下的业务规则和监管要求，确保各地方资产管理公司能够在公平的监管环境中运营。

（二）统一监管主体

金融资产管理公司与地方资产管理公司的监管主体不同，这主要是由于两类资产管理公司被赋予的法律属性不同。在没有改变这种差异化的属性定位之前，监管主体的差异将在相当长时间内存续。面对这种情况，优化的路径是尽量打通监管规则，国家金融监管总局颁布的适用于金融资产管理公司的业务规则原则上也适用地方资产管理公司。

目前，地方资产管理公司的专门监管部门是各地的地方金融监管局，表面上，监管主体是一致的，但由于不同区域经济金融环境不同，金融监管思路也有差异，导致各家地方资产管理公司发展面临的监管环境存在区别，实际上的监管主体是不同的。因此，建议从统一监管规则的角度，解决好不同的地方金融监管局在监管内容上的差异。在现有监管主体制度安排的框架内，对原有制定出台的区域性地方金融（监督管理）条例进行统一，最终形成与《金融资产管理公司条例》类似的、统一的地方资产管理公司条例，以此改变地方资产管理公司监管主体不统一而形成的差异化监管现状。

（三）统一市场地位

统一市场地位，完善补充地方资产管理公司相关政策，是促进行业规范发展、充分发挥功能作用的必要手段。因此，提出以下建议：

1. 建议统一融资渠道

由于地方资产管理公司的融资渠道与金融资产管理公司相比较为不通畅，面临的挑战也更加严峻，导致不良资产处置能力降低，或者使地方资产管理公司难以充分发挥化解金融风险、熨平周期、盘活存量资产等功能，严重情况下也可能导致地方资产管理公司自身成为不良资产。因此，建议统一金融资产管理公司及地方资产管理公司的融资渠道，对符合条件的地方资产管理公司给予与金融资产管理公司类似的银行间市场便利，缓解其因法律规定下机构属性问题造成的资金压力。

2. 建议提升税收政策支持力度

税务部门通过出台契税、印花税、增值税、房产税和土地增值税等方面税收减免政策，给予地方资产管理公司与金融资产管理公司相同的税费政策，降低不良贷款处置及功能作用发挥过程中产生的税费负担，提升不良资产管理行业的整体风险化解能力；或由地方政府对坚持主责主业，在化解区域金融风险、服务地方经济发展方面作出重要贡献的地方资产管理公司，给予贷款贴息、财政补贴等专项支持。

二、统一司法实践

完善和统一司法实践能够为我国不良资产管理行业的规范发展提供指引。针对运行机制中存在制度体系不完备、司法实践不统一的情况，本文提出如下建议：

（一）健全制度体系

首先，根据当前地方资产管理公司专项监管文件缺位的实际情况，建议比照金融资产管理公司的监管制度体系，完善地方资产管理公司专项监管体系，由国家层面正式出台《地方资产管理公司监督管理条例》等专项文件，并配套出台相关实施细则。其次，重新补足与《十二条司法解释》相似的专项监管文件，填补部分司法解释空档期，重点关注原债权银行和资产管理公司能否继续通过发布联合公告的方式履行债权转让通知义务并中断诉讼时效或主张权利等，并在司法实践层面上予以明确。

（二）统一司法实践

针对地方资产管理公司在诉讼中面临各种具体问题时遭遇的裁判标准不统一的情况，建议最高人民法院对诉讼主体变更、继续收息、金融费率、抵押登记、财产保全等司法实践中存在争议，与金融资产管理公司之间司法实践不统一的问题，在全国法院就审判情况进行充分调研后出台专门司法解释予以明确，并通过指导性案例的形式对地方资产管理公司不良资产处置审判工作进行具体指引；或通过出台相关文件的形式，明确统一地方资产管理公司与金融资产管理公司的司法规则，切实解决资产管理公司在不良资产处置中面临的司法实践不统一问题。

三、构建统一交易市场

党的二十大报告要求"构建全国统一大市场，深化要素市场化改革，建设高标准市场体系"。2022年4月发布的《中共中央国务院关于加快建设全国统一大市场的意见》（中发〔2022〕14号）明确要求"加快建立全国统一的市场制度规则，打破地方保护和市场分割，打通制约经济循环的关键堵点，促进商品要素资源在更大范围内畅通流动，加快建设高效规范、公平竞争、充分开放的全国统一大市场，全面推动我国市场由大到强转变，为建设高标准市场体系、构建高水平社会主义市场经济体制提供坚强支撑"。

建立统一大市场的经济学逻辑的背后实质上是提升市场有效性。通过促进市场更大范围内的交换，推动更广泛的资源禀赋的流动和主体间的分工合作，降低市场交换过程中的交易成本，使市场运行的效果和效率得以提高，推动经济高质量发展。建立全国统一大市场是构建新发展格局的基础支撑和内在要求，是奋力推进"两个先行"的客观需要，是促进经济稳进提质的重要举措，是市场发展到一定水平后出现的一种高级形态，是现代市场体系的一个重要维度，是市场机制充分发挥作用的有效载体。对于不良资产管理行业来说，除了解决前文所提出的行业发展中存在的问题，建立统一的交易市场也是进一步提升行业有效性的重要举措。以国家层面建立统一大市场政策为支持，建立统一交易中心，破除区域保护和市场分割，打通不良资产交易过程中的信息堵点，提升交易的竞争性效率，全盘掌握不良资产行业的整体动态，既有利于更好发挥规模经济优势和集聚效应，降低市场交易成本，促进资产要素在更大范围内进行有效合理配置，提升风险化解效果，同时通过获取不良资产全生命周期的状态信息、全市场的全量信息，不仅为市场监管提供强有力的支撑，也将为国家宏观金融调控政策的制定和实施提供更为可靠的参考。

（一）建立统一不良资产交易中心的必要性

建立统一不良资产交易中心能够有效监测不良资产的全生命周期。近年来，在我国经济周期性波动和结构性转型的影响下，银行信贷规模大幅扩张，不良资产规模也随之增长。根据原银保监会数据，我国商业银行不良资产余额已从2015年的1万亿元左右攀升到2022年的2.98万亿元，复合年化增长率超过17%。随着参与机构和处置手段的市场化与多元化，监管机构对不良资产收购处置的交易模式和处置结果提出了更高的监管要求。设立跨区域、全覆盖的统一的不良资产交易中心，能够解决好目前无法监测不良资产进入二级市场后的生命周期问题，可以通过打通区域政策和体制机制的壁垒，借助金融科技和互联网的手段，全面掌握全域不良债权的产生、流转、处置和化解的全生命周期的信息。

建立统一不良资产交易中心是经济一体化、金融创新和行业监管总体趋势的要求。基于不良资产的端口，制定更加具有针对性的监管政策和宏观经济调控政策。在以国内大循环为主体、国内国际双循环相互促进的新发展格局下，区域经济一体化发展上升为国家战略。设立统一不良资产交易中心是瞄准打造区域金融风险化解的新体制，形成联动和协同效应，从整体出发谋篇布局，将分散的、区域隔离的不良资产交易要素和监管要求整合在一个平台，加速资源的汇聚并实现聚集效应。同时，随不良资产数量以及种类的不断增加，现有的监管体系在资产信息、流转情况、数量情况等资产动态特征上还未形成整体性管控体系，不良资产管理行业的一级市场被纳入监管体系，但二级市场则游离于监管之外，很多非银行类特殊资产也未纳入监管范畴。因此，在行业监管上对上述资产重要信息进行统一、及时、全面的掌握，对于更为有效地开展行业监管和防范化解金融风险具有重要作用。设立统一的不良资产交易中心可以依托该中心的行业信息整合功能，从行业整体角度对不良资产重要特征进行收集统计分析，整体提升行业监管的精准性和快速反应能力，促进行业健康发展。

从更大范围的国际视角看，已经有个别国际性组织开始探索构建统一的市场或平台的可行性。国际公共资产管理公司论坛（International Public AMC Forum，IPAF）是隶属于亚洲开发银行的区域资产管理公司组织，以"加强区域性金融合作，促进金融稳定和发展"为宗旨，积极推动亚太地区不良资产管理行业的交流，目前正着力推动亚太区域跨境不良资产交易平台的建立。在欧洲，不良资产数据服务商NPL Markets正积极构建全球性的不良资产数据服务中心，其线上平台已覆盖欧洲、北美、非洲等多个区域，包含27个国家，提供尽调、估值、交易结构等多种不良资产相关服务。

总体而言，在全面推行统一大市场建设的大背景下，构建不良资产行业统一交易市场，既是进一步深化行业常态化制度安排的重要举措，对于提升行业有效性和促进行业健康发展有着重要的意义，也将对完善不良资产管理行业监管，以及在更高层面为我国宏观经济金融政策的制定和精准施策提供有力的支撑。

（二）统一不良资产交易中心的建设和运营模式的设想

应该说，建立全国统一的交易市场，是国家重要的战略性任务，是顶层的制度建设，是一项自上而下的复杂系统工程。总体的建设思路应该是：国家主导，行业主办，市场化运作。

建立统一的交易市场，在国家总体顶层设计的基础上，在监管部门的主导下，聚集五大金融资产管理公司、地方资产管理公司、非持牌机构等核心管理者，围绕银行、非银行金融机构等资产供给方，对接上市公司、境外投资机构、不良资产投资基金等投资机构、投资商，链接律师事务所、会计师事务所、拍卖公司、征信公司、评级公司等服务商，打造由不良资产持有方、需求方、监管方、中介机构、互联网企业等相关主体共同参与的跨区域不良资产交易服务和监督管理平台，为包括监管机构在内的相关参与方提供不良资产流转、处置、化解全链条的真实完整的处置数据。

构建运营模式的目标是形成一级市场、二级市场和其他市场全覆盖的集成化交易中心。交易中心通过交易集成、信息集成、服务集成的机制构建，建设不良债权产生、收购、转让、处置全流程覆盖的监测体系。

在一级市场交易中，银行等不良债权供给机构集中在交易中心挂牌招标，交易中心根据银行招拍挂的资产信息迅速匹配合格的一级市场参与者，为一级批发商提供公开、公平的竞标机会，实现银行不良资产价值发现的同时，拓宽资产管理公司资产获取渠道。在二级市场和其他市场交易中，资产管理公司将资产转让信息集中在交易中心展示或挂牌，为产业投资人等获得资产信息提供便利，信息的充分性和生态圈覆盖度的提升，将有效提升市场的竞争性，为资产价值的提升创造更好的条件。目前，在二级市场交易的阶段，债权从银行出来，通过持牌机构进一步流转到社会各类投资人后，从监管层面上看债权的状态信息从此不再掌握，从银行出表后的不良资产的债权债务关系是否被有效终结，还是处在流动中，不得而知。设立不良资产交易中心，通过作为确权的登记规定要求，债权的任何动作都将在交易中心留痕。运用数据信息技术与区块链技术或AI技术，有效追踪监测债权的后续情况，直至最终化解消失，实现不良债权全流程监管。

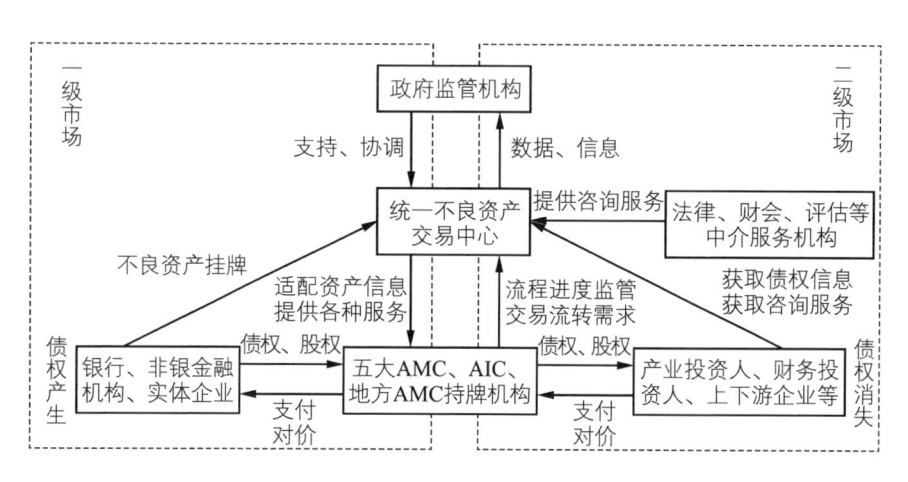

图7-1　不良资产交易中心运营模式图

第四节　优化行业主体生态系统安排

如前文所述，我国不良资产管理行业的强制性、常态化的制度安排是相对有效的，但还存在进一步优化提升的空间。参考一些发达国家非常态化制度安排的成功经验，我们认为应该根据社会经济环境的变化优化制度安排，提升市场化程度和行业内部流动性，形成行业内"能升能降"的分类机制。主体生态系统作为行业内各个主体之间相互作用的集合，是进一步优化运行机制的主要对象。因此，本书以行业主体生态系统安排为出发点，重新思考我国现行不良资产管理行业制度安排的发展路径，并提出实施分类管理、优化准入许可等建议。

在新的主体生态系统安排下，不同层面主体的运行机制也会进行相应的变化。

一方面，划分资产管理公司中金融机构和持牌机构的准入标准，实施分类管理。可以通过设置标准将资产管理公司分为金融机构、持牌机构和非持牌机构。一是将符合条件且经营业绩较好、合规风险管理较完善、规模较大、资信评级较高的地方资产管理公司纳入金融机构范畴，发放金融牌照，明确经营范围、资金来源、融资渠道、公司治理等相关要求，明确法律地位，畅通融资渠道，纳入国家金融监管总局监管体系进行监管；二是其余不符合申请条件的地方资产管理公司，则继续保持目前地方金融组织的持牌机构身份，主要由地方金融局进行监管，并进一步完善监管规则等运行机制；三是对于经营情况不良、不满足持牌机构相应标准的地方资产管理公司，予以降级处理，下调为非持牌机构。对于金融资产管理公司来说，也可以建立"能升能降"的管理机制，在综合考量公司经营情况的基础上，设立分类标准。对于满足条件的金融资产管理公司，继续以金融机构身份展业；对于不满足条件的金融资产管理公司，则降级为持牌机构，与其他地方资产管理公司的运行机制进行统一。

另一方面，从构建我国金融体系完备性的角度，建立多元主体的不良资产管理市场。可参考证券等其他金融行业的评级管理模式，优化非持牌机构从业许可，建立投资商和服务商的从业资格认定机制。一是可以打通非持牌机构与持牌机构之间的"牌照"壁垒，参考上文金融资产管理公司和地方资产管理公司之间"能升能降"的

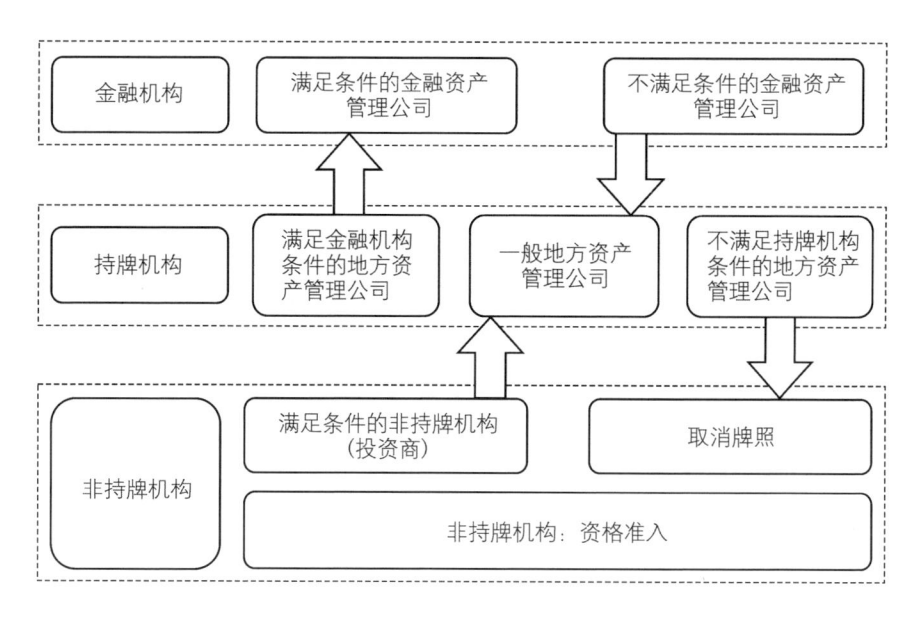

图7-2 行业主体生态系统分类管理机制

管理模式，设定提级标准，对满足条件的非持牌投资商颁发牌照，提级为持牌机构。二是将非持牌机构进行二次分类，对余下不满足条件但信用等级较高、资金实力较强、从业经验丰富的非持牌机构进行筛选，对其进行备案或授予许可，将其与金融资产管理公司、地方资产管理公司等主体共同作为行业的核心主体进行许可安排，在提高行业规范性的同时，激励其他不符合条件的非持牌机构进一步提升综合能力。

第五节 优化行业发展环境

环境是影响不良资产管理行业制度安排有效性的重要因素，好的信用环境和营商环境能够推动行业更好地发挥功能作用。前文通过分析环境因素对我国不良资产管理行业制度安排有效性的影响发现，通过几十年的努力探索和长足发展，我国的诚信体系建设已经具备初步成果，并逐步走向成熟和完善；营商环境的优化作为当前我国进一步增强经济增长动力的重要举措，受到国家层面高度重视，也正在逐年改善，政府和企业边界得到进一步厘清。但我国的信用环境和营商环境还存在提升改善的空间。因此，为优化行业发展环境，推动行业功能作用的充分发挥，保障行业高质量发展，本书提出两点意见建议以供参考。

一、健全诚信体系

不良资产管理行业的客体标的主要为不良资产，与信用关联度较高。因此，诚信体系作为行业发展环境的主要组成部分，其建设与完善显得尤为重要。本书从信息化和惩罚制度两方面提出建议，希望为诚信体系建设提供一点思路。

一方面，利用信息化、数字化手段推动外部环境中的诚信体系建设。借鉴发达国家诚信体系建设的先进科学技术手段，积极探索将大数据、区块链、5G网络等最新的信息技术应用到诚信体系建设中，充分实现诚信治理的科学化、现代化。以全国个人征信系统为抓手，做到行业与政府部门大数据的衔接共享，推动大数据和区块链技术条件下个人和企业信用相关数据的收集、提取、储存、分析、展示和应用，并应用到诚信体系建设中。加强数据来源真实性、可靠性的对比监控和分析，切实发挥大数据、区块链、5G网络等最新信息技术的优势，将数据来源问题控制在源头、防控在过程、治理在结果，不断提高诚信体系建设的质量和效率。

另一方面，加强失信惩戒机制，优化信用修复和异议制度。应对加强联合惩戒、加强信息公开与共享、完善相关制度机制和加强组织领导等作出详细安排，提升信用惩戒机制的系统性、协同性、规范性，使信用惩戒更加便于落实；明确失信行为的认定规则和惩戒机制，严格规范信用惩戒的适用条件、程序，确保信用惩戒依法依规进行；拓展惩戒措施内容，强化"一处失信、处处受限"的信用惩戒效果，促使失信被执行人及时履行生效法律文书，兑现当事人胜诉权益。同时，优化信用修复和异议制度。实施信用惩戒不是目的，而是促使社会成员自觉遵守规则、诚实守信，更好促进法治社会和诚信体系建设。这需要在把握好信用惩戒的规范性和适度性，坚决避免滥用、过度使用信用惩戒的同时，建立有利于自我纠错、主动自新的信用修复机制。除法律法规明确规定不可修复的失信行为外，失信的信用主体按要求纠正失信行为、消除不良影响的，均可申请信用修复。对被误判为失信的信用主体提供申诉和纠错的渠道，设立公正、公开、公平的申诉和纠错机制，明确申诉和纠错的条件、程序和结果，及时撤销错误的信用惩戒措施。

二、优化营商环境

一般意义而言，作为企业经营和发展的重要外部环境，营商环境的优化能够提高企业经营活力，刺激企业发展动能。同样，作为不良资产管理行业制度安排的环境因素，是影响行业运行有效性的重要方面。因此，优化营商环境是提升行业有效性的重要抓手。

一方面，政府和监管部门应当重视营商环境在资本市场、金融行业以及不良资产管理行业中发挥的作用。在宏观层面进行调控，进一步优化营商环境，完善经济环境、法律环境、规章制度等。伴随着我国经济模式的转变，资本市场呈现波动的趋势，进行金融风险防范化解尤其重要，营商环境的优化能够使资产管理公司的发展环境更加健康，也能够帮助资产管理公司应对经济环境不确定性带来的冲击，推动行业充分发挥防范化解金融风险的作用。因此，建议适当进行政策引导，如在优化营商环境的具体细节中，加大对于资产管理公司的扶持，鼓励企业开展防范化解金融风险业务，出台相关倾斜政策，为企业经营增添活力。同时，减少政府过度干预、违背诚信等行为,改善过度运用"有形的手"调控"无形的手"的情况,进一步提高我国不良资产管理行业市场化程度。

另一方面,优化司法环境,构建法治化营商环境。首先,要更新司法理念。法治化营商环境建设问题的根源在于理念和思想,司法机关应转变陈旧的司法观念,在所有诉讼环节中树立谦抑、审慎、善意、文明、规范的执法理念,防止就法律讲法律、就程序走程序、就办案而办案,努力让司法成为营商环境改善的重要力量。其次,要提升司法效能。公正与效率是司法的永恒价值追求,用高效的司法效率实现公正的广度与深度、速度与精度,通过提升不良资产相关案件办理质效,营造公平公正、文明规范的司法环境,努力把营商环境理念落实到每一个案件的办理中,对可能受到的影响进行分析和评估,作出有效防范和处置,使司法活动的影响降到最低,防止因不当的司法行为损害机构和企业的合法权益,进一步提升案件审判质效,为不良资产管理行业的发展提供有力的司法保障。最后,要完善司法联动。建立司法联动模式,形成司法合力,促进司法机关与社会的良性互动,提高司法公信力,推进各级、各行政区域的司法机关之间相互配合、互相支持的司法运作模式,打通不良资产相关案件在不同地区司法环境不同的障碍,破除区域范围内的司法壁垒,统一服务保障营商环境的司法执法办案标准、办案规范指引,统一行业执法标准和尺度,整治趋利性、选择性和关系性执法,保障司法的公正与效率,协力优化区域法治营商环境。

文件资料

[1] 中国人民银行：《中国货币政策执行报告》，2001—2022年。

[2] 中国人民银行：《中国人民银行年报》，2001—2022年。

[3] 《贷款风险分类指导原则》（银发〔1998〕151号）。

[4] 《关于组建中国信达资产管理公司的意见》（国办发〔1999〕33号）。

[5] 《关于组建中国华融资产管理公司、中国长城资产管理公司和中国东方资产管理公司的意见》（国办发〔1999〕66号）。

[6] 《关于实施债权转股权若干问题的意见》（国经贸产业〔1999〕727号）。

[7] 《金融资产管理公司条例》（国务院令2000年第297号）。

[8] 《财政部、国家税务总局关于中国信达等4家金融资产管理公司税收政策问题的通知》（财税〔2001〕10号）。

[9] 《最高人民法院关于审理涉及金融资产管理公司收购、管理、处置国有银行不良贷款形成的资产的案件适用法律若干问题的规定》（法释〔2001〕12号）。

[10] 《最高人民法院对〈关于贯彻执行最高人民法院"十二条"司法解释有关问题的函〉的答复》(法函〔2002〕3号)。

[11] 《国家税务总局关于中国信达等四家金融资产管理公司受让或出让上市公司股权免征证券(股票)交易印花税有关问题的通知》(国税发〔2002〕94号)。

[12] 《中华人民共和国中国人民银行法》(2003年修正)。

[13] 《全国人民代表大会常务委员会关于中国银行业监督管理委员会履行原由中国人民银行履行的监督管理职责的决定》(2003年)。

[14] 《财政部关于印发金融资产管理公司有关业务风险管理办法的通知》(财金〔2004〕40号)。

[15] 《最高人民法院关于金融资产管理公司收购、处置银行不良资产有关问题的补充通知》(法〔2005〕62号)。

[16] 《财政部关于进一步规范金融资产管理公司不良债权转让有关问题的通知》(财金〔2005〕74号)。

[17] 《中华人民共和国银行业监督管理法》(2006年修正)。

[18] 《贷款风险分类指引》(银监发〔2007〕54号)。

[19] 《金融资产管理公司资产处置管理办法(修订)》(财金〔2008〕85号)。

[20] 《关于审理涉及金融不良债权转让案件工作座谈会纪要》(法发〔2009〕19号)。

[21] 《金融资产管理公司并表监管指引(试行)》(银监发〔2011〕20号)。

[22] 《金融企业不良资产批量转让管理办法》(财金〔2012〕6号)。

[23] 《中国银监会关于地方资产管理公司开展金融企业不良资产批量收购处置业务资质认可条件等有关问题的通知》(银监发〔2013〕45号)。

[24] 《金融资产管理公司监管办法》(银监发〔2014〕41号)。

[25] 《金融资产管理公司开展非金融机构不良资产业务管理办法》(财金〔2015〕56号)。

[26] 《关于规范金融资产管理公司不良资产收购业务的通知》(银监办发〔2016〕56号)。

[27] 《关于适当调整地方资产管理公司有关政策的函》(银监办便函〔2016〕1738号)。

[28] 《关于金融资产管理公司等机构业务经营中不动产抵押权登记若干问题的通知》(银监发〔2017〕20号)。

[29] 《金融资产管理公司资本管理办法(试行)》(银监发〔2017〕56号)。

[30] 《关于公布云南省、海南省、湖北省、福建省、山东省、广西壮族自治区、天津市地方资产管理公司名单的通知》(银监办便函〔2017〕702号)。

[31] 《国务院机构改革方案》(2018年)。

[32] 《中国银保监会办公厅关于加强地方资产管理公司监督管理工作的通知》(银保监办发〔2019〕153号)。

[33] 《关于开展"巩固治乱象成果 促进合规建设"工作的通知》(银保监发〔2019〕23号)。

[34] 《最高人民法院关于废止部分司法解释及相关规范性文件的决定》(法释〔2020〕16号)。

[35] 《最高人民法院关于新民间借贷司法解释适用范围问题的批复》(法释〔2020〕27号)。

[36] 《中国银保监会非银行金融机构行政许可事项实施办法》(银保监会令2020年第6号)。

[37] 《关于建投中信资产管理有限责任公司转型为金融资产管理公司的

批复》(银保监复〔2020〕107号)。

[38]《关于中国银河资产管理有限责任公司开业的批复》(银保监复〔2020〕874号)。

[39]《银行保险机构许可证管理办法》(银保监会令2021年第3号)。

[40]《关于开展不良贷款转让试点工作的通知》(银保监办便函〔2021〕26号)。

[41]《地方资产管理公司监督管理暂行办法(征求意见稿)》(2021年)。

[42]《地方金融监督管理条例(草案征求意见稿)》(2021年)。

[43]《中共中央国务院关于加快建设全国统一大市场的意见》(中发〔2022〕14号)。

[44]《财政部、税务总局关于银行业金融机构、金融资产管理公司不良债权以物抵债有关税收政策的公告》(财税〔2022〕31号)。

[45]《关于引导金融资产管理公司聚焦主业 积极参与中小金融机构改革化险的指导意见》(银保监办发〔2022〕62号)。

[46]《关于做好当前金融支持房地产市场平稳健康发展工作的通知》(银发〔2022〕254号)。

[47]《商业银行金融资产风险分类办法》(银保监会、人民银行令〔2023〕第1号)。

参考文献

[1] Brenda Gonzalez-Hermosillo. Developing Indicators to Provide Early Warnings of Banking Crises [J]. Finance & Development, 1999, 36（2）, 36-39.

[2] Cooke D & Foley J. The Role of the Asset Management Entity: An East Asian perspective [J]. ADB paper, 1999（2）: 160-177.

[3] Davis L, North D. Institutional Change and American Economic Growth: A First Step Towards a Theory of Institutional Innovation[J]. The Journal of Economic History, 1970, 30（1）: 131-149.

[4] Fung B & Ma G. China's Asset Management Corporations[J]. Bank of International Settlement, Working Papers No. 115, August 2002.

[5] Ho S & Marois T. China's Asset Management Companies as State Spatial-Temporal Strategy [J]. The China Quarterly, 2019, 239: 728-751.

[6] Jimenez G & Saurina J. Credit Cycles, Credit Risk, and Prudential

Regulation[J]. International Journal of Central Banking, 2006,（02）: 113-131.

[7] Kawai, M. A Comparative Study of Financial and Corporate Sector Restructuring in East Asia [J]. World Bank. Washington D.C, 1999.

[8] Klingebiel, D. The Use of Asset Management Companies in the Resolution of Banking Crises Cross-Country Experiences[J]. World Bank Working Paper, 2000.

[9] Mitchell J. Bad Debts and the Cleaning of Banks' Balance Sheets: An Application to Transition Economies [J]. Journal of Financial Intermediation, 2001, 10（1）: 1-27.

[10] Obstfeld M. Models of Currency Crises with Self-fulfilling Features [J]. European Economic Review, 1996, 40（3-5）: 1037-1047.

[11] Umar M & Sun G. Determinants of Non-performing Loans in Chinese Banks[J]. Journal of Asia Business Studies, 2018, 12（3）, 273-289.

[12] Wang Alan T. A Re-examination on the Effect of Bank Competition on Bank Non-performing Loans[J]. Applied Economics, 2018, 50（57）, 6165-6173.

[13] 陈斌彬:《论中央与地方金融监管权配置之优化——以地方性影子银行的监管为视角》,载《现代法学》2020年第1期。

[14] 陈建平:《地方版资产管理公司发展探析》,载《西南金融》2014年第11期。

[15] 陈南辉:《金融资产管理公司的监管模式研究》,载《湖北社会科学》2012年第7期。

[16] 崔世海、陈志武、张承惠等:《商业化:资产管理公司的出路?》,载《中国经济周刊》2004年第25期。

[17] 郭志国、贾付春:《新地方金融监管体制下完善地方资产管理公司监管体系研究》,载《金融发展评论》2020年第2期。

[18] 何力军、袁满:《"互联网+"背景下不良资产业务模式创新研究》,载《浙江金融》2015年第12期。

[19] 侯亚景:《我国金融业不良资产处置策略研究》,载《上海经济研究》2017年第1期。

[20] 黄志凌:《关于我国金融资产管理公司运作与发展的思考》,载《宏观经济研究》2002年第5期。

[21] 蓝国瑜:《地方资产管理公司竞争策略》,载《中外企业家》2015年第17期。

[22] 李慧颖:《金融资产管理公司发展现状、监管困境及治理研究》,载《海南金融》2021年第4期。

[23] 李建功、邹燕:《资产管理公司转型势在必行》,载《经济参考报》2005年1月29日。

[24] 李玲:《地方资产管理公司特点及其对不良资产市场的影响》,载《银行家》2015年第3期。

[25] 李玲:《资产管理公司的再定位》,载《中国金融》2015年15期。

[26] 刘雪梅:《我国不良资产处置与金融资产管理公司转型机制研究》,西北大学2006年博士学位论文。

[27] 林毅夫:《中国经济学理论发展与创新的思考》,载《经济研究》2017年第5期。

[28] 刘铮:《转轨时期中国金融资产管理公司运作方式研究》,西北大学2006年博士学位论文。

[29] 刘忠俊、王在权:《论国有商业银行不良资产的剥离和金融资产管理公司的运作》,载《经济科学》2000年第2期。

[30] 蒲宇飞:《资产管理公司:问题与建议》,载《财经问题研究》2001年第4期。

[31] 卿爱娣:《地方资产管理公司的监管问题研究》,载《现代金融导刊》2022年第9期。

[32] 戚积松:《中国金融资产管理公司的改革与发展问题研究》,吉林大学2009年博士学位论文。

[33] 石明磊、罗玉辉:《当前地方AMC的发展应"由量转质"——基于历史与现实的双重审视中国经济体制改革研究会》,载《经济研究参考》2020年第13期。

[34] 汪兴益:《对我国金融资产管理公司发展的回顾与思考》,载《中国金融》2002年第8期。

[35] 汪洋:《强化地方资产管理公司监管》,载《中国金融》2020年第2期。

[36] 王刚:《地方资产管理公司监管框架》,载《中国金融》2017年第15期。

[37] 王海军、李静、费兆伟:《金融不良资产市场结构、双重垄断与交易机制重构——AMC和网络拍卖:谁更利于不良资产出清》,载《上海金融》2019年第4期。

[38] 王柯敬、王君彩:《关于资产管理公司发展前景的现实思考》,载《投资研究》2005年第3期。

[39] 王元凯:《金融资产管理公司功能研究》,社会科学文献出版社2018年版。

[40] 易宪容:《四大金融资产管理公司该出局了》,载《互联网周刊》2005年第25期。

[41] 战友:《论地方资产管理公司的运作与发展》,载《金融发展研究》

2014年第12期。

[42] 张承惠：《金融资产管理公司的未来发展走向》，载《金融时报》2004年5月18日。

[43] 张怀兰：《金融资产管理公司的定位与发展》，载《中国证券报》2003年2月13日。

[44] 张士学：《转型时期的特殊金融安排——中国金融资产管理公司运行实践的新制度经济学分析》，经济科学出版社2007年版。

[45] 张文显、卢学英：《法律职业共同体引论》，载《法制与社会发展》2002年第6期。

[46] 张志柏、孙健、俞自由：《资产管理公司亟需改革》，载《财经科学》2001年第5期。

[47] 张志柏、俞自由、李松涛：《金融资产管理公司发展成投资银行的基本思路》，载《金融论坛》2001年第9期。

[48] 赵子如：《互联网＋非标金融资产证券化》，载《中国金融》2016年第3期。

[49] 郑万春：《金融资产管理公司转型的出路在于市场化》，载《中国金融》2011年第3期。

[50] 周娟：《对地方资产管理公司发展的思考》，载《中外企业家》2017年第20期。

[51] 周小川：《关于国有商业银行改革的几个问题》，载《金融时报》2004年5月31日。

[52] 庄毓敏：《我国资产管理公司的未来走向》，载《中国金融》2004年第19期。

[后　记]
"有制"才能"有治"

"经国序民，正其制度"，"有制"才能"有治"，"善制"方能"善治"，制度是发展的根本遵循。当前全球经济还处在深度调整期，我国也处于经济增长动力转换的复杂经济环境中。当众多不良资产需要通过专业、科学、公平的处置，最大限度发挥效用时，也就意味着不良资产管理行业需要更为高效的制度安排，这也是本书酝酿的初衷。

始于热爱：这是一段述不完的"情"

浙商资产自2013年成立，已经在摸索中走过了整整十年。十年来经历的项目、积累的经验、沉淀的思考、生发的情感，最终浓缩成文字，促成了这本书的问世。作为一家具有使命担当的地方资产管理公司，同时也是全国首批5家、浙江省第一家具有批量转让金融不良资产资质的省级资产管理公司，浙商资产开展了多项行业的领先型研究工作。行业制度建设是一项长期性、系统性的工程，其关键在于学用结合，在于联系实际，在于与时俱进，在于创新变革。作为曾经的金融监管工作实践者和现在的不良资产管理行业从业者，我始终对金融体系的制度安排保持着持续的关注和恒久的热情。

唯有规矩，始得方圆。制度是约束行为及其相互关系的规则与规范，范围十分广泛，所有一切有关人与人关系的规则、规范都是制度。加入浙商资产之后，我经历了公司由小到大、行业由乱向治的发展蝶变。公司发展的每一次改革探索，行业进步的每一次柳暗花明，我们都置身其中，为之惊羡振奋。也更加深刻地认识到，在行业发展层面，制度安排具有前所未有的重要性与紧迫性，因为制度为伞，保障经历；制度为尺，丈量当下；制度为灯，点亮后续……

成于专业：这是一门上不完的"课"

行业制度安排的演进是一个持续完善的动态过程，是一套能够有效管理和调节各种关系的规则、规定、程序和组织机构，是现代社会管理的重要手段，不良资产管理行业也不例外。浙商资产十年来的发展无不告诉我们："专业，方能领先；敬业，方能领跑"，而专业的基石、敬业的背后是以制度机制为支撑，企业如此，行业亦如此。

在新时代背景下，行业制度建设需要根据不断变化的社会现实和国家发展进行不断改进。专业也是行业变革的推动力，与时俱进的制度安排正是专业的落地语言。

这是一个关于行业发展的邀请：由于对不良资产管理行业制度安排领域的研究整体还比较初步，加上我们认识上的不足，本书难免存在这样或那样的不尽之处，真诚希望本书能够让理论界和业界更多地关注行业制度安排的最新进展，也诚挚期待更多的专业人士参与到这项重要领域的研究中来。

穷于探索，这是一本写不完的"书"

这也是一次关于自我发展的思考。一路走来，行业发展的一幕幕总是浮现在眼前，置身其中，我们如何促进自我融入、实现自我价值，我们试图用一本书给出答案。

制度必须创新，持续探索。"根之茂者其实遂，膏之沃者其光晔。"这是一本穷尽一生探索也写不完的书，却值得我们学在其中、干在其中、乐在其中。

书的成稿标记着新的起点。2023年，浙商资产与浙江工商大学联合设立了浙商资产管理学院，致力于为资产管理行业培养人才，这是继公司成立之后又一件开创性工作。书的成稿开启着新的道路。我将在企业职业生涯结束后，投身到培养行业人才工作之中。一本书的内容是有限的，但行业的探索、人才的培养是无止境的。放眼未来，不良资产管理行业的功能与作用将越来越重要，行业的完善和发展需要更多人贡献智慧。撰写的过程中，我的年轻同事冯毅、车广野、孙力、胡从一参与了大量工作，贡献了许多思想火花，年轻一代正在思想的接力赛中奋力向前，令人欣慰。以撰书之名，激发促进人才成长之力，这正是我们所期盼的薪火相传。

孙建华

浙江省浙商资产管理股份有限公司原党委书记、董事长，

浙江工商大学讲席特聘教授，

浙江工商大学浙商资产管理学院理事会理事长